假性亲密关系

为什么我们看似亲近，却貌合神离？

Why are We Together Without Intimacy

史秀雄（Steve Shi）_ 著

中信出版集团 · 北京

图书在版编目（CIP）数据

假性亲密关系 / 史秀雄著 . -- 北京：中信出版社，2017.9（2023.8 重印）
ISBN 978-7-5086-7659-3

I. ①假… II. ①史… III. ①爱情一通俗读物 IV. ①C913.1-49

中国版本图书馆CIP数据核字（2017）第 119300 号

假性亲密关系

著　　者：史秀雄
出版发行：中信出版集团股份有限公司
（北京市朝阳区东三环北路27号嘉铭中心　邮编　100020）
承 印 者：北京联兴盛业印刷股份有限公司

开　　本：787mm×1092mm　1/16　　印　　张：13.25　　字　　数：160 千字
版　　次：2017 年 9 月第 1 版　　印　　次：2023 年 8 月第 12 次印刷
书　　号：ISBN 978-7-5086-7659-3
定　　价：48.00 元

服务热线：400-600-8099
投稿邮箱：author@citicpub.com

目 录 contents

推荐序 V

序 言 IX

第一部分 爱情的假性和真相

第 1 章 假亲密的真相

假性亲密关系 003

如何与伴侣更亲密? 008

爱无能 013

无代价，没爱情 018

亲密的我们为什么难以表达真实情绪? 020

第 2 章 亲密的路，别一开始就走歪

爱情无输赢 025

心动就可以交往吗? 027

爱情始于不完美 030
沉溺于被爱是失恋的开始 033
面包和爱情 036

第 3 章　亲密只给最认真的人

感情中矛盾的真相 039
你是焦虑型依恋人格吗? 043
难熬的感情，坚持还是止损? 049
给关系帮倒忙的惩罚式激励 053
感情中为何很难“被看到”？ 055

第二部分
与自己对话

第 4 章　在爱情中内省

难以承受的情感自由 061
在感情中如何知道自己想要什么? 064
孤独的都市人 069
你的单身焦虑感 074
没有“对的人”，只有“对的关系” 078
你的择偶标准达到标准了吗? 082

第 5 章　让自我与世界紧密相连

善解人意是这样做到的　085

让内向的人消除交流障碍　088

心理咨询师靠这三个问题洞察人心　091

怎样变成一个有趣的人?　096

戴面具还是做自己?　100

第 6 章　与自己对话

分手是最宝贵的人生经历　103

寂寞是和自己的亲密　108

如何走出自卑的怪圈?　112

自我认知背后的意义　118

有效提升自我认知的方法　121

第三部分
来自父母的爱与伤

第 7 章　原生家庭

走下神坛的父母　129

那个不想回的家　135

认可无能：我们为什么得不到父母的认可　138

一个时代的隐痛　142

第 8 章　缺爱的你

取悦型人格的悲哀　147
缺爱的孩子懂事早　151
你还会哭吗?　158
重新理解你的愤怒　163

第 9 章　理解与修复

关于原生家庭的三个误区　171
在家里，你会锁上房门吗?　178
如何走出父母关系的阴霾?　184

后　记　191

属于我们的有情天地

曾家达　多伦多大学社会工作学院教授，博士生导师

学生出书请写序，大概是当老师的特殊礼遇，可藉此空间随意发挥。每每得到这种厚待，我都心存感谢。

Steve（史秀雄）是一个很特别的学生，毕业后显然并没有像大伙儿一样随便找份稳定的工作，而是自己走出了一条路。我有幸在他读研时当过他的老师，但出色的学生，他的成就通常与老师不一定有太大的关系。

心理治疗和心理咨询是一门奇怪的游戏，吊诡和矛盾的地方有很多，也许正反映着人生的复杂和荒诞，以及我们心灵灵面的种种诡异。心理治疗的表层是是一连串由理性贯穿、富有秩序的东西：专业知识、技巧、方法、步骤、价值、伦理和纪律等等；更深一层则是人性的动态部分——浮动、不确定、矛盾重重，而且受主观经历和情绪影响。Steve 在这本书中，大胆地结合个人的主观经历和专

业分析，深入透视自我、关系以及人生。他不怕对读者展露自己的童年经验，并在书中分享原生家庭的问题和亲密关系中的挑战，当中不乏自己软弱和黑暗的部分。一个人需要对自己有一定的了解、信心和肯定时，才能做到如此坦然无惧的分享。

亲密关系是我一直关注的问题。某次在一个相关的培训班上，有人问我是做什么的，我说我很大部分的时间都在谈恋爱。对我来说，亲密关系是生活的核心，也是建构自我的重要条件，我一般不太信任那些在情欲生活领域资历浅薄的人，哪怕是教主、大师或哲人。若没有经过亲密关系的挑战和磨练，对人性能有多深入的洞悉？“君子之道，造端乎夫妇，及其至也，察乎天地”，对我而言，亲密关系当然不受限于单一的夫妇形式，但若要明白人性和人生的道理，不经过亲密关系，恐怕都不能完整。我在 1970 年代后期开始从事临床心理学工作，在多个心理治疗个案中认识到情欲和亲密关系对心理健康和个人成长的重要影响，也了解到大多数人都会在不加反省的情况下，盲目跟随主流推崇的社会剧本，误以为跟随常规就会得到幸福，结果很多人都成了社会剧本和体制的牺牲品，既找不着幸福，更失去了自我。我相信心理治疗的目标是解放自我，超越常理世界的捆绑，所以我一直以来都鼓励人走殊途，提倡另类生活和开放关系，并且争取同性恋者和性小众权益。

因工作关系，我很多时候都必须要相信自己，坚持看法和立场，才能建立独排众议的勇气，面对社会的压力，处理别人——甚至是家人、朋友、伴侣——的攻击和不解。多年来，我通过积极建立不同的亲密关系，在不同的关系情境中成长，都是在努力实践自己的理念。却在最近两年间，因为一段亲密关系出现问题，暴露了自己软弱黑暗的一面，让我不得不坦诚面对自己的不安全感，承认自己亦有未获满足的依恋需要。这个经历对我的冲击很大，忽然之间好像整个世界被颠倒了。但这也不失为一个祝福，让我进一步了解多年来因为被生活宠坏而形成的畸形自恋性格，更深切地感受到自己爱的能力尚显浅窄，也让我重新反思，以走上通往自我觉知和自由自在之路。

Steve 在此期间一直和我保持联系和沟通，与我分享他遇到的美妙关系，以及从中带来的挑战，我们之间虽然存在地域、情境、年龄、性格和文化等方面的差异，但各自坚持对美好关系的向往和对知识的追寻，都抱有开放的态度，积极探讨生命厚赐多彩多姿的可能。

这本书集合了Steve 在个人生活和专业生涯中的经验、观察、体会、分析和反思，真挚而活泼地叙说了很多珍贵的故事，情理兼具。有些人在亲密关系的路上可以体验到兴奋的巅峰状态，达到狂喜甚至超越常理，进入仙境般的美妙世界；也有很多人会遭遇挑战、失望、挫败、打击、背叛、出卖、遗弃、失丧、创伤等等。我们总共熬过了多少伤痛、眼泪、孤独、失落等种种困难？然而我非常乐观地相信人类对亲密关系的追寻不但会延续不绝，而且随着我们努力不懈的探讨，不断营造更开放的交往空间，未来将有更多的人受惠，能够体验到亲密关系的种种美妙。

2017 年 7 月 19 日

如何认真地活着

什么叫认真地活着？

认真地活着，是一种很理性的生活观念。在我看来，这意味着你要了解清楚，哪些事情与你的生活相关，哪些选择和行为与你的幸福指数相关。然后你需要按照它们的重要性，相应地分配你的时间和精力。

比如，与父母、伴侣的关系，就和生活质量直接相关，对大部分人来说都是最重要的事情。可是很多人会无视亲密关系的处理，不愿花太多时间研究，即使存在问题，也懒得解决。在我看来，这就是活得不认真。

又比如，和自己的关系。如何认识自我，也是很多人用毕生时间努力寻求答案的问题。可是也有很多人并不了解自己的性格、情感、内心，也不愿意花工夫去关怀、照顾和提升自己。他们每天只是忙于生计、疲于应酬或履行义务，并不太关注这个过程中自己的心理的变化。在我看来，这也是活得不认真。

为什么要认真地活着?

认真地活着，是一种价值观念，是把轻重、主次想清楚之后，做出的一系列选择，是把人生的主要时间和精力放在最重要的事情上，从而让自己的一生过得充实和满意。

认真地活着，是为了让自己每每回顾过去的某月、某年，甚至一生，都会感觉到自己的进步，看到自己正在变得更好，更成熟。

认真地活着，是为了避免自己在一个浮躁的环境中随波逐流，最后却一无所得。

认真地活着，是为了让自己学会自我调整，遵从思想、内心和情感，以更小的代价获得更大的成长。

认真地活着，是为了把人的理性思考和反思能力发挥到极致，发现生命背后的内在逻辑与规律，从而将琐碎生活升华至更高境界。

认真地对待亲密关系

我人生的前 18 年，活得糊里糊涂。我有一个不完美的家庭，不完美的父母，不完美的身体和相貌，不完美的成长经历，不完美的老师和同学，所以我习惯了在这些不完美当中得过且过。

后来我出国留学，开始了完全独立的生活，这也是我人生的一大转折点。因为要为自己全权负责，所以不得不打起精神去面对各种问题。再后来读了心理学并一口气读到了硕士，人生中将近 1/4 的时间用在心理学专业学习和研究上，同时也得以拥有更多细腻而敏锐的角度去思考问题。

通过思考，我看清了自己想要什么、什么是最重要的。比如我修复了与父亲的关系，和他从充满敌意、拒绝来往变成了无话不谈的知心朋友；比如我走出了自卑，克服了对自己的不满和羞耻感，变成了一个心境平和、开心满意的人；比如我找到了自己存在的意义，凭借能力和天赋，为自己创造了一份对其充满热爱、有趣又有价值的工作。

在这个努力的过程中，我学会了和恋人、自己以及父母用更加真实而又亲近的方式相处，这是最大的收获。作为一个咨询师，我也在工作中帮助许多朋友从心理途径获得改善和自我突破。

这本《假性亲密关系》，就是希望与你分享，应该带着什么样的态度认真活着，应该做哪些方面的思考与探索，才能获得真实而又亲近的人际关系。

许多朋友最初对于生活的反思都与爱情有关，但是随着自身的成长，我们会更多地发现自我在爱情中的角色和表现，要想更深刻地了解自我，原生家庭又是一个必不可少的视角。所以我将过去这些年积累的文字分成走近爱情、走近自我和走近父母三个部分。

我们生活在一个浮躁、纷繁而又多彩的世界里，有很多事物让我们分心，但同时也有了更多的空间和可能性。我希望通过自己的文字，为大家创造一个广阔而平和的思考空间，让更多人可以理性地追寻，成就最完满的人生。

最后我想感谢我的父母，给予我生命，也给了我生存和成长于这个世界的机会。感谢我的老师们，赋予我珍贵的启示和指导。感谢我曾经的和现在的伴侣，让我了解了什么是爱。感谢我所有的来访者，让我看到了人性中最美好的坚韧和积极。当然，我也想感谢自己，在原本可以更加安逸轻松的生活中，选择如此认真地活着。

第一部分

爱情的假性和真相

爱情是人类孤独的解药，就像呼吸的空气一样不可或缺。然而我们所受的教育中并没有关于爱情的，没有人教过你它如何发生、发展。我们只能在一条寻觅和试错的路上，不断修正对于爱情的误解。而真正的亲密则是那些懂得坚持的人最终的勋章。

第 1 章　假亲密的真相

假性亲密关系

假性亲密关系（irrelationship）不是一个严肃的心理学术语，但这个词却相当生动地描绘了一种常见的情景：一方面，两个人的生活或许已经非常紧密地关联在一起，一切日常活动都围绕着彼此安排，住在同一个屋檐下，经营着婚姻或家庭生活；另一方面，不知从什么时候开始，两人之间开始有了越来越多无法探讨的话题、不敢表达的情绪，以及难以掩饰的不信任和不安全感。

当两人看似亲密地长期相处，但是情感问题一直存在，却无法被察觉和解决时，假性亲密关系就产生了。这样的关系中有很多双方小心回避的禁区，也有很多被忽略的盲区，让本来可以更加亲近的关系止于小心翼翼和心照不宣。

如今，伴侣之间的假性亲密关系是非常普遍的。相恋数年却不了解彼此的成长经历，即将走入婚姻却并不了解彼此的婚恋观念，尤其是夫妻之间，生活在同一个屋檐下却貌合神离的例子比比皆是。我相信没有人愿意在这样的关系中度过余生，我也相信那些未婚的人更希望提前做好准备以避免这种状况的发生。

过去的五年中，我以心理咨询师和人际关系培训师的身份帮助许多伴侣们克服关系中的障碍，建立更亲密的感情。他们中有很多人，都带着对爱的真诚渴望建立起亲密关系，也曾一度感到与爱人非常亲近，并因这种亲近的感觉而组建了家庭。可是赚钱养家令人疲惫，日复一日的相处让人产生惰性，他们的关系停止成长，一轮又一轮的挑战和矛盾让亲近的感觉开始消退。亲密感成了昨日的美好记忆，而对于未来的关系发展，只剩下越来越多的迷茫和担忧。

我们的社会，对于什么是亲密关系已经做出了非常多的描述和界定。周末的烛光晚餐，忐忑不安的表白，羞涩的牵手和初吻，情人节的巧克力和玫瑰花，雪白的婚纱和盛大的婚礼……似乎当两个人经历了这些过程，关系自然会变得十分亲密。可事实上，合乎普世价值观的仪式并不能保障深入持续的亲密感。

真正的亲密，是由两个人关系的质量、情感的联结、沟通的深度以及对彼此的理解和信任来决定的。令人遗憾的是，这些建立和维护关系的能力，在我们的家庭教育和学校教育中普遍比较缺失，很多人并不懂得具体要怎么做，所以只能观察、模仿一些流程化、仪式化的东西。

真爱为什么会掺假

在我的来访者中，遇到假性亲密关系问题的伴侣们往往具有这样一些特点：

首先，他们并不真正了解自己。许多人不清楚自己为什么恋爱、结婚，也不确定自己希望从感情中获得什么。当我问他们“你能想象的最好的感情是什么样的”，他们往往一脸茫然。替代他们做出婚恋决定的，往往是家人或世俗的压力，“糊里糊涂先把婚结了再说”是常见的心态。

其次，很多伴侣并不完全了解彼此。他们虽然在形式上非常亲近，甚至习惯了彼此的存在，但是并不了解对方对于情感、性、金钱、生育、精神追求等问题的看法。很多人是糊里糊涂地走进婚姻的，并没有意识到作为夫妻，他们需要达成怎样的默契。而当关系出现问题、两个人不得不坐下来谈谈时，才会意识到“他（她）居然是这样一个人”，于是进退两难。

最后，很多人自身的心理问题阻碍了亲密关系的发展。他们的原生家庭和成长经历从负面影响着他们与他人的相处方式。亲密关系中情感的表达、信任的建立、矛盾冲突的处理，都会受到个人心理问题的影响。随着相处时间的增多，这些问题会愈发明显。

理想的关系，应该是不断成长和成熟的。但是由于这些原因，很多亲密关系很早就停止了成长，伴侣之间为了避免矛盾，谨慎地回避着一些重要或者敏感的话题。两个人对彼此的了解、接纳和信任并没有随着交往时间渐长而增多，相处也仅仅依赖于习惯、义务和责任。

假性亲密关系怎么破?

我在情感和心理咨询工作中发现，一方面很多人对自己的情绪模式缺乏觉察和思索，另一方面，在遇到矛盾时，两个人缺少寻求专业帮助的意识。因此会反复在一些琐碎事务上争论，却忽略了对错背后往往隐藏着更深层的匮乏和不满足。情感交流不畅、了解和信任的缺失感被放大，导致误解和错误的表达，才是问题的根本。

要避免出现这种状况，最关键的一点是要重视建设高质量的关系。作为具有独立人格的成年人，性格和情感表达方式一定有很多差异，需要有效的沟通、理智的探讨和积极的表达，共同面对可能出现的问题。我们容易被生活的琐事分心，或者太忙于工作。重视关系意味着无论多忙，两个人也会安排时间，专注于让关系成长的事情。

如何沟通也是一个极为重要的问题。关于沟通，应该不仅仅关注具体的事件，更应该关注两个人在关系中的角色、期待、评价和感受。对于反复出现的问题，下次如何共同解决；久未表达的想法，是否可以在此刻和盘托出等等。只有不断地反思和探讨，才能铸就高质量的关系。

如果你们之间的矛盾已经产生，并且超出你们所能处理的范围，我强烈建议你们去找一位做夫妻关系咨询和治疗的心理咨询师，为你们提供专业有效的帮助。很多时候花几百元接受夫妻心理咨询，便能够解决送上万元礼物也修复不了的问题，这是我作为咨询师常有的感受。

如果两人已经过多地相互伤害，彼此都伤痕累累、疲惫不堪时才寻求帮助，恐怕连专业人士也无能为力了。

另外，不是所有不理想的感情都存在假性亲密关系。当两人之间存在巨大的差异，即使理解彼此也难以接纳和认同时，这种关系就是不合适的关系。假性亲密关系描述的是亲密关系中的盲区和未被解锁的状态，而不合适是假设所有盲区都已解锁，依然无法接纳彼此。两个人越亲近，是否合适的问题就会越清晰。由于害怕面对不合适的真相而回避更进一步的亲密，是许多假性亲密关系的成因。

破解假性亲密关系，是一个需要细心和勇气的过程。我总和我的来访者说，亲密关系是建立在坦诚的基础上的，不合适、不喜欢的话，不要忽视，因为迟早要面对。世界上或许没有绝对合适的关系，两个人共同努力建立的亲密和信任，才是求同存异的基础。

本书第一部分“走近爱情”的内容，就是帮助你从各个方面去学会如何更加靠近彼此，获得真正的亲密。

如何与伴侣更亲密?

我做心理咨询师之后，意外地发现这份工作给我对亲密关系的理解带来了很大的启发。我原本不是一个特别善于和他人亲近的人，但是在心理咨询信念和原则的引导下，我发现自己时常可以和来访者进行非常深刻和亲近的交谈。

虽然这种关系只存在于咨询室里，两个人之间也有特定的角色和界限，而且咨询关系也会受到各种问题的挑战，但是那种深刻的情感共鸣让我看到了前所未见的可能性。我开始尝试用类似的思路和方式对待他人，包括父母、伴侣和挚友，而且很幸运地收获了很多崭新的美好体验。

在咨询关系里，有几个让我眼前一亮，并且在个人实践中也收到良好效果的思路和方法。

“此时此地”的坦诚

咨询过程中有一个概念叫作“此时此地”（here and now）。来访者常常会和我聊很多他与别人之间的关系问题，但由于大都是从他自己的视角出发，所以我并不确定描述是否客观、准确。这样的情况下，咨询师通常会更多地参考自己的感受，观察此时此地咨询关系中正在发生的事情，从而识别来访者的问题。

咨询过程中我会一边关注来访者，一边关注自己的感受，并且在适当的时候将自己的感受非常坦诚地分享给对方。比如，我曾经遇到一个滔滔不绝的来访者，她用大量时间讲述与此次求助问题并不相关的人生故事，所以我选择了一个合适的时机来打断她："在听你讲述故事的时候，我感觉到自己有一些疏离，和你的距离变得有些远了。你也会有类似的感受吗？对我讲故事是因为你不愿意接近我吗？"

这一番提问让来访者有机会袒露她对于被我批判的恐惧，以及对自身问题的逃避情绪，让我们的交流走向了更深的层次。这种针对此时此地的反馈，往往能够让双方的对话变得非常坦诚，从客套的侃侃而谈走向更真实和深刻的层面。

当我处在自己的亲密关系中时，也会运用类似的沟通方式，尤其是两个人之间产生了一些矛盾，但是又找不到谈话的切入点，都有些不确定或者畏惧不前的时候。你需要做的就是观察自己此时此刻的感受并且分享给对方，然后询问对方的看法、感受和意图。

例如，有一次处理和朋友相关的矛盾时，我和伴侣反复地争论如何对待那位朋友的问题，她不耐烦地说："好了好了，不要说了，这些问题说再多也没用，就这样吧。"我的第一反应是希望进一步解释和论证，因为感觉自己此前并没有把观点很好地表达清楚。

可是接下来我注意到了自己急需证明自己的心情，于是把当下的感受反馈给她："你这样讲话让我觉得你在推远我，在嫌弃我。这样会让我很难过，也让我感到焦虑，所以我才一直追着你谈这个问题。”这样的反馈让我们不再纠结于那位朋友的问题，而是将注意力放在了双方的情绪上。结果，我们发现她的不耐烦和我的追问，都是想要保护关系不受伤害，最后我们得以站在同样的出发点继续对话。

在沟通中，情感比事实信息更难传递，所以很容易迷失在对事实的无休止的争执中，而忽略了各自的内心感受。要对此时此地保持关注，促进关系中的情感表达，才能塑造更亲密的关系。

无话不谈的氛围

我的表达能力还不错，大学时期还参加过学校辩论队，所以在与别人相处的时候，语言比较强势——会倾向于说服对方，通过论理让对方接受我的观点和要求。

这样的习惯在做心理咨询师之后被彻底地改变。起初，我经常自认为我知道来访者应该怎么做，也很想要去说服对方接受我的建议。可是我发现每当我尝试反驳和辩论的时候，对方就会退缩、疏远，也不愿意再继续探讨一些重要或私人的话题。

咨询过程中，来访者提供的信息越多，对于咨询工作越有利。但涉及某些比较隐私的信息时，来访者会感到不安、羞耻或者焦虑。为了鼓励他们克服这些情绪，敞开心扉，有经验的咨询师会非常注重为来访者营造安全的、非批判性的对话氛围。

来访者在袒露心声时，若能得到咨询师耐心专注的聆听和不带批判性的回应，那么对咨询师的信任感就会加强。可是在亲密关系中，很多人往往会在尚未完全理解对方时就开始批判或反驳。这种方式看似能够说服伴侣，让对方在压力之下顺从你的意愿，可是却会让对方害怕在你面前畅所欲言。结果就是你以为你很了解对方，其实他内心还有许多保留的秘密。

在深入了解双方的想法时，例如聊到和前任的关系或者异性朋友这类比较敏感的话题时，建议你平和而又诚恳地邀请对方表达，让对方感到安全："我知道这个话题对你来说可能比较敏感，或许你可以试着说说看，我很想了解你，也向你保证，我不会在没有完全理解你的时候给你贴标签或者批判你。"

在亲密关系中，语言的强势并不等同于对关系的把握能力。只有当伴侣发自内心地想要向你袒露心声时，才是真正的亲密。

关系重于一切

大量分析研究发现，心理咨询和治疗中大约有 30%~60% 的效果其实归因于治疗关系，也就是咨询师和来访者之间的关系。这个结论也是目前临床心理学普遍的认知。出色的咨询师，并不会急于去解决或者改善来访者的问题，而是在整个咨询过程中，非常重视建设和维护与来访者之间的关系。这种关系，我们在专业上称为治疗同盟（therapeutic alliance）。除了上面提到的对于此时此地的坦诚反馈以及营造安全的对话氛围以外，还包括信任、耐心、专注、支持、关怀等元素。

亲密关系中的爱，会比咨询关系中的更广义一些，因为两个人的距离会更近。不过道理是一样的，矛盾冲突永远存在，但是高质量的关系可以保障亲密关系中的满意度更持久。很多人在亲密关系中所犯的错误就是为了争论对错、分出输赢、掌握控制权，宁可牺牲亲密关系，因为我们往往习惯了以强制的方式使对方接受。

我刚开始做心理咨询师时，常常会很迫切地希望说服我的来访者去反思和改变。我也曾经用这样的方式对待自己的伴侣。在两类关系中，这样的方式都带来了对抗和冲突，让双方感到挫败和不快。发自内心的协作和相互支持，只可能产生于良好的关系中。无论是在工作中，还是在亲密关系中，每当我不确定有些话是否该表达时，都会问自己："我这样说，对我们的关系有帮助吗？"

来访者进行心理咨询的问题五花八门，而心理咨询师并不是万能的，很多时候我们需要和来访者一起去面对无解的困局。亲密关系的维系也是如此，总有不可调和的差异或者无法逆转的过去。在这样的情况下依然强调关系建设，就是在表达这样一种态度："我不会因为无法解决你的问题而离开你。只要你接受，我愿意一直陪着你去面对无解的生活。"

爱无能

我的初恋是在大一，从那时候开始的很长一段时间里，我在感情中都有一种爱无能的感觉。不论是刚开始交往，还是相处已久关系稳定时，我都隐约有种不安。我能感觉到自己心里面有一部分是沉寂的、被动的、冷漠的、死气沉沉的。在度过热恋期之后，我便对感情彻底失去兴趣。

曾经的恋人为我做过不少令人感动的事情，亲手织围巾，费尽心思组织生日派对，等等。如果是现在，我可能会很开心而且感动地给予对方拥抱和亲吻，让她知道我有多么幸福。我想任何正常人都会这样，不是吗?

可我却没有。

我没有感动，没有开心，甚至没有什么反应。但理智让我意识到这种情况下对方期望看到我开心，于是很努力地装作开心的样子。可是敏感的她们一定能察觉出我的开心快乐并非出于真心，只是没有戳穿而已。

我感受不到自己的爱，感觉不到对方的付出和温暖带给我的欣喜。我的很多表达和行为，不是发自内心的，而是经过理性思考后，逼迫自己去做的。这样的感觉让我很累、很不耐烦，因为我做着言不由衷的事，脑海中却是一片空白。

我发现自己常常处于一种介于发呆和白日梦之间的状态。可我没意识到，或者不明白是怎么回事，所以会糊里糊涂地从一段感情走进另一段感情，用热恋期的兴奋来掩盖爱无能的事实。

沉默中的顿悟

刚到上海的时候我交往过一个女友，她心直口快。有一次她毫不客气地指出，我在感情中始终与她保持着距离，让人觉得很冷漠。我向她坦言自己也感觉到了，但并不清楚是什么原因。

接下来我们花了好几个小时去探讨原因，我向她描述，自己心里面好像有一堵墙，有很多的情感和情绪想要表达出来，但是都被这堵墙挡在里面了。她的言语间充满了愤怒和委屈，责问我为什么要这样做，而我带着羞愧和困惑，变得更加沉默。就在这种矛盾交织中，我突然感觉想通了什么。

然后我无法自控地痛哭了十分钟。

我的反应把我和她都吓到了。等情绪稍微平复之后，我开始向她解释自己的心理变化。

我在沉默中，回想起了小时候，在家里面对父母时，一直都是默不作声的状态。因为我父母的关系一直很紧张，他们经常会冷战或者争吵。我父亲脾气暴躁，对人挑剔苛刻。母亲曾患有神经衰弱，情绪很不稳定。我们家当时的氛围就是高冲突、高焦虑的环境，一家三口只要聚在一起，空气中就充满了焦虑感。

那时的我，只要一听到爸妈回家开门的声音，心里就会紧张。

生活中有无数的小细节，都成了即将有麻烦的预兆，而我就在这样的环境下长大（写到这里，我能感觉到自己的手有些颤抖，呼吸急促，胃也因为紧张而有些难受）。

如果一个孩子在这种环境中长大，时刻被无法逃避的焦虑感环绕，会发生什么事情呢？人的心理特性之一就是会不断地调整并适应环境。所以从很小的时候开始，我就在内心修筑一堵“高墙”，这意味着我不去体会自己的情绪，不对引起我情绪波动的事情做出回应，不和他人探讨我的感受，也不愿意去考虑他人的感受。换句话说，高压之下，我的内心进入了铁桶式防守的自我保护状态。

可是想到这里，我还没有情绪失控。我只是恨这堵墙，感觉它让我失去和错过了很多美好时刻，它的存在让我在感情中感觉不到幸福，让我习惯以打游戏和喝酒的方式来逃避问题，也让我伤害了那些爱我、在乎我的人。

痛哭后的释放

女友的指责和我心中强烈的愧疚，让我对自己厌恶起来，但突然有一个声音就像要冲出压力锅的高气压一样，在意识深处爆发出来：“如果不是这堵墙，你可能活不到今天吧？”

因为那一刻我突然意识到了两件事情。第一，我是无辜的。我会伤害到别人，并不是因为我生性邪恶或者有心理问题。第二，我意识到心里的那堵墙终究也是我的一部分，虽然它给我带来了很多困扰，但正是因为它，才能在那样的家庭环境中坚持过来。

想通这两件事情之后，我停止了对自己的谴责，我感到那个长久以来无助而孤独的小男孩，这时候突然被自己紧紧地抱住了，很温暖。

所以这痛哭，其实是心里的墙背后所禁锢的那些情绪，突然一下子被释放出来了。我丝毫没有感到悲伤，只有委屈平复之后的解脱。

墙倒了吗?

这段经历让我记忆深刻，因为这次谈话之后，我对自己的很多行为都有了新的认识。人的情绪不能选择性地屏蔽。当我们压抑那些不良情绪时，也压抑了快乐、感动、幸福和其他积极的情绪。

心里那堵墙的存在让我付出了代价。它让我在感情中体会不到爱的感觉，让我用过于冷漠和理性的方式回应他人的心意，它甚至剥夺了我被感动的权利。

它的存在已经不合时宜了。成年后的我，已经离开了曾经的家庭环境，开始了自己的生活，不再需要时刻面对那种令人窒息的焦虑感。可是因为我和这堵墙在一起生活了太长时间，我习惯了它的存在，对它形成了一种自然而然的依赖感。

每当我感受到情感上的刺激和波动时，都会本能地向它求援。因为它是我唯一可以依赖的心理防御机制，唯一可以参考的行为和情感模式，是我唯一知道的让自己能够承受更多压力的方法。

我尝试过推倒这堵墙吗？没有。因为墙如果倒了，我将一无所有，将近乎赤裸地暴露在这个世界面前。于是我开始以一种更平和的眼光去看待这堵墙，我曾经很厌恶它，可现在我向它表达了更多的宽容和理解。我对待它的方式，也就是对待自己的方式。

现在的我和这堵墙成了默契的朋友。在我需要克服艰难和挑战的时候，会让它出来帮我挡一挡痛苦的感觉，可是在我面对自己的伴侣时，在我表达和接受爱时，在我看到、听到那些美丽动人的事物时，会平静地告诉它："别担心，让我出去吧，我会照顾好自己的。"

无代价，没爱情

爱情不可能零风险，愿意冒险，愿意付出代价，才能有回报。在我看来很多人的情感问题都源于此。总是想轻易地碰到一个有眼缘的人，然后很顺利地发展。

不少人都抱有这样的想法：我至今单身是因为没有碰到对的人，是因为现在的“奇葩”太多，因为他们都只是想玩弄感情，因为没有眼缘，因为……但是在指责他人时你有没有想过，爱情是很公平的，同样的城市，同样的人群，有的人就能找到伴侣，他们同样也会面对这些问题。为什么只有你会把问题归因于他人？

欲望和渴求陪伴，是顺其自然发生的，可爱情却不能信手拈来。你要获得一段理想的感情，就必须付出相应的代价。爱情是颁发给那些勇敢、执着而又善于思考的人们的勋章。让我来告诉你什么是代价，你再衡量一下自己是否愿意付出。

单身就是代价。在你获得感情之前，所有独处的日子都是代价。你是认真对待自己的单身生活，还是把所有问题堆积等着另一半来解决？如果你把单身看成是不完美、不够好、不该有的状态，你就是在拒绝付出代价。爱情不是两个残缺的人拼在一起凑合，而是两个完整的人聚在一起庆贺。

爱错是代价。没有人能保证一段感情自始至终都完美，就好像一觉醒来你才知道昨晚是否睡得好一样。许多人在感情中犹豫不决，生怕一旦做错了决定，这辈子就完了。不要幻想初次恋爱就可以遇到真爱，在一次次的亲身体验中发现自己不爱什么样的人，才能无限接近真理，知道真爱的模样。

分手之痛是代价。找我咨询分手问题的人几乎都会怕以后找不到更好的了，但事实证明下一个通常会更好。因为害怕分手，让自己勉强停留在错误的关系里，进入错误的婚姻，直到痛苦不堪才醒悟。这期间浪费的不只是发现真爱的可能性，更是你宝贵的时间。

走出舒适区是代价。你可能习惯了不说话，在人群里永远保持沉默，有着很强的戒备心理，对异性充满恐惧。你可能有很多情结、障碍、缺点，但你必须要走出自己熟悉的舒适区，做以前没做过的事情。浪漫的事情，都多少带些不寻常甚至是冒险。在恐惧、焦虑、不确定的时候，你习惯了逃避，那么，多半也会错过那些美好奇妙的邂逅。

提升自己是代价。许多人总要求对方要与自己有精神共鸣、有生活情趣、要浪漫、要体贴入微。要求别人之前先看看自己，你是个爱读书、爱思考的人吗？你的生活是不是充满了各种趣味？你是否有自己独特的手艺和爱好可以用来营造浪漫？你是否习惯于帮助他人和奉献自我？长久积累的品质才能产生魅力，而平庸和平淡的你，拿什么吸引心仪的人，拿什么让亲密关系保鲜？

亲密的我们为什么难以表达真实情绪?

谈情说爱，没有情哪来的爱？不向伴侣表达和交流情绪，不知不觉便影响了许多亲密关系的质量。因为不表达情感，日常相处会缺少温度，对彼此的信任也会受到限制，因为不了解彼此的感受而产生的猜测和误解便会增加。为什么我们常常无法向亲密的人直白地表达自己的情绪？我认为可以从心理学的三个角度来理解这个问题。

心理动力学角度

早期和父母的关系如果存在问题，会影响一个人内在的心理结构，在潜意识中留下冲突的记忆。为了减少内在冲突带来的焦虑，他可能发展出各种形式的防御机制来扭曲或者否认现实，包括对自己情绪体验的疏离、压抑、投射或者其他不恰当处理。这些不健康的防御机制，会导致亲密关系中的真实情绪难以实时自然地表露。

例如，一个女孩，小时候父母总吵架，自己被夹在中间，因此对冲突和紧张关系有强烈的情绪反应。成年后和自己的伴侣之间出现矛盾时，情感起伏强烈，愤怒和恐惧情绪甚至与实际的矛盾不成比例，如果直白表达将会伤害伴侣，让对方感到莫名其妙，因此选择压抑自己的情绪。

行为主义角度

行为会被其结果所改变。曾经直白表达情感的行为，导致双方关系紧张，产生矛盾，或者自己心理上感到焦虑不安。每次希望通过直白表达情绪来处理问题的结果都不好，所以我们逐渐认为这不是一个好的策略。

例如，男友和其他女生聊天，女方因此感到不满。尝试直白表达情绪后，引发对方抵触情绪并且被指责自己想太多、不信任对方。反复几次之后，女方不敢再轻易表达不满。

认知行为角度

情绪表达的方法和能力需要学习和培养。适时地觉察情绪，准确地描述情绪，合理地通过表达情绪来影响关系，包括具体的用词及话术，以及表达完情绪后如何应对对方的反应，如何将情绪表达和问题解决结合起来，这些都是需要培养的能力。如果从小缺乏模仿对象，甚至长期被错误的行为和认知所影响，那么在能力意识上很可能一直处于“表达无能”的状态。结果是并非不愿意直白表达，只是想表达却无法清楚地表达。

例如，一个家庭中，父亲很强势，母亲长期受到压制不敢表达自己的情绪，并且教育男孩，学会情绪表达是很女性化的表现。男孩成长过程中缺失了情绪表达的教育培养，于是成年后缺乏相关能力技巧。情绪描述词汇仅限于“不高兴”等模糊语言，在出现冲突的情况下本能的回应是沉默或逃避等。

我的经验

第一，我在咨询和培训过程中发现，绝大多数人的问题可以从上面的认知行为角度来解释。很多人不直接表达，是因为他不知道在特定情况下应该怎么说出来。比如，家长强势地要求子女听从大人的意愿，虽然家长在理，但孩子很不开心。这样的情况下要怎么回应？很多年轻人感到手足无措，因此更多地选择沉默就范。

我在帮助他们的过程中会细化到具体的话术，例如：“爸爸，你说的话的确有道理，我会认真考虑。但是你说话的方式让我感到自己不被尊重。”很多人听到这话的反应是我真的可以这样和父母说话吗？这种反应很常见，这说明很多人对于具体的表达方式非常生疏。

我极力推荐大家去看看《摩登家庭》，此剧一个重要的看点就是学习剧中人物在处理家庭关系时如何用积极的、有建设性的语言沟通彼此的感受。

第二，情侣、夫妻之间很难直白地表达情绪，通常是因为双方关系质量不高，对彼此的了解和信任度有限，所以还没有达到能够推心置腹交流的境界。很多人对情感关系缺少维护、建设和滋养的意识，往往停留在表面的语言和肢体亲密上，没有把了解彼此情感模式、内心状态和成长经历等问题作为增进双方关系的必经之路。

所以到了需要表达的时候，即使相处很久的两个人，也可能会因为在心理上、情感上并不那么了解对方，不确定对方会如何理解和回应，从而不敢正面表达。从表达习惯上来说，更多的人选择比较委婉的方式，比如，用唠叨表现关爱；或者通过“作”来强调忠诚。这种方式让表达一方较为轻松，却会让接收方需要花额外的精力去理解。而日常相处中，人们未必随时都能认真体会和解读这些委婉的表示，所以无解或忽视情感表达的概率便大大增加。

第三，个人情绪被大环境所忽视。我们从小接受的教育是做人要讲道理，要理性，不要感情用事。这种观念在我看来并不健康，因为情绪是人类心理活动的重要组成部分，一味地忽略和压抑，其实阻碍了我们发展成熟理性的情绪表达能力，同时也低估了情绪表达对于人际关系的影响。

遇到人际关系的问题，我们习惯的方式是说服、做思想工作、讲道理，而很少去感受对方的心情。这就导致了很多情况下我们不认为情绪表达会有多大价值。至于如何调整，首要的就是将对情感的关注放在亲密关系最重要的位置。真正理性地看待亲密关系，就一定不会忽略它感性的本质。

对自己和对方情绪的觉察、描述和表达都是需要不断练习的。持续的探索尝试一定可以带来提高。要实现这一点，我建议你多寻找学习对象，多观察和模仿那些善于表达情绪并且因此很好地解决问题的人。另外你需要意识到，亲密关系之所以亲密，在于它理应比普通关系更加容易接纳和宽容双方的情绪表达，而双方应该为构建这种宽容的氛围共同努力。

第 2 章　亲密的路，别一开始就走歪

爱情无输赢

和朋友们在微信和微博上互动，收到的私信里十有八九的问题都在表达这样一个意思：我喜欢他，他不喜欢我，我想放弃但是舍不得错过，应该怎么办？

昨天又有人这么问我的时候，我突然想起了自己在大学时代追得最卖力的一个女孩。那时候像是着了魔一样，每天都在绞尽脑汁地想办法让她开心，让她更喜欢我，自己也变得前所未有的细心和体贴，做了很多让她感动的事情。慢慢地，我感到渐入佳境，两个人的感觉越来越投入，我也越来越有把握，以为我们即将开始甜蜜的爱情。然后我被拒绝了，原因是她暂时还不想进入一段感情（其实大家都懂的，就是不够喜欢对方的说辞而已）。

伤心吗？当然伤心，因为所有的努力都付诸东流，而自己认为的最美丽的女孩否决了我们可能的未来。那次经历着实让我郁闷了好一阵子，甚至以买醉、抽烟，以及其他方式来发泄情绪。在最消沉的时刻，我甚至认为自己不会再爱任何人，也不会再让任何人看到我的真心了，现在想起来真是可爱又愚蠢。

但我有一个习惯，就是遇到任何不顺利的事情，回头再看都会试图从中发现积极的一面。比如，那次追求女孩的经历，带给我的

唯一损失就是没有得到预期的结果，但收获却很多。由于追求对方时足够用心和努力，让我更懂得怎么去对一个人好，也认识到了自己情感关系中自以为是的部分。

有朋友问我，每天听到形形色色的人向我抱怨感情问题，会不会接收太多负能量，心里会不会很沉重？其实我喜欢在困境中寻找一线希望，在失败中发现价值，所以每次面对失望、伤心和悲观时，反而会觉得很好，只要把这段日子挺过去，之后就会迅速成长。

有一些朋友，最初都是因为感情失败而来向我咨询，过段时间再交流，发现他们已经从之前的感情中走出来了，心态平和了许多，想清楚了很多问题，我觉得非常开心。几个月之后再聊起当初的状态，我惊喜地发现他们不仅彻底走出了阴影，甚至还谈起自己的成长和成熟，因为反思过去的错误而获得了各种各样的收获。

所以，大家抛给我的每一个棘手问题，其实都是一部个人励志剧的开场，鼓掌都来不及，怎么会觉得沉重呢？

我希望用文字鼓励那些心有所向的人，不要因为可能被拒绝就患得患失，不要因为希望渺茫就放弃。感情不能用得失、成败来衡量，因为感情中的失败其实是一种提示，是在告诉你且行且珍惜，你完全没必要和失败过不去。

爱情中没有输家，真正的输家是那些因为害怕受到伤害而不敢追逐爱情的人。

我想起一个问题：如何判定他是你的真爱？我的回答是：在爱过了各种人，对各种所谓的幸福甜蜜都看透了，发现自己完全可以掌控生活、照顾自己、不需要依赖任何人而让自己快乐和满足的时候，却突然爱上了他。

心动就可以交往吗？

问：我是一名女大学生，在网上认识了一位男士，我们很聊得来，他博学多才，有气度，各个方面都比较合我口味。但是他已经工作了，而我还在上大学。我们一直保持着联系，我可以去追求这份爱情吗？

他是北方人，我是南方人，而且我是单亲家庭长大的，如果真的和他在一起，因为我是女方，那以后我就要去北方，离家有点儿远，但我又想多照顾我的母亲。闺蜜说我太冲动，这种关系不靠谱。他给我的感觉是不在乎两人是否异地，我该怎么办？

答：姑娘，我理解你找到了投缘的精神伴侣的兴奋之情，也知道你现在对你们的关系充满了各种期待和幻想，我也特别希望你的所有梦想都能成真。可是作为一个靠谱的情感专家，我的工作不是要选择“同意”或者“反对”你，而是得站在一个比较理性客观的角度，去提出你需要考虑的问题。

首先，你已经用“爱情”来描述你们的关系了。我相信你的家人朋友可能会嘲笑你的幼稚，说你不懂爱情，着迷于一个连面都没见过的网友。可是我不这么认为。

我自己的审美观点也是偏向头脑和才华，看重谈吐和内涵的，所以能够遇到一个让你欣赏、认可的男人，我认为是一件很好的事情。我也相信你对他的情感是真实而又热烈的。

我们每个人的情感都是如此，没有任何人有权力或资格告诉我们“不，你不应该有这样的感受”。所以如果有任何人对你冷嘲热讽，那是因为他们不了解萍水相逢的那份欣喜和激动。

不过我必须要告诉你一件事：你对情感关系的理解还需要更全面一些。它是由情感和关系两部分组成。

情感，指的就是爱情，相互爱慕和吸引的感受，激情澎湃的心动和心跳，没有了情感，两个人的关系就不会是情感关系，而是朋友关系或者其他关系。

关系，指的是两个人相处的模式、方式。我们和同学、朋友、同事，都会有各种各样的关系，有的关系持续很久，成了老相识，有的关系则没法持续，被埋没在时间和记忆里。

关系是否持久由什么决定呢？这个因人而异，很难界定。但是有一些因素却会让关系无法长久。

比如，两个人的生活方式和生活习惯不同：一个有洁癖，一个邋遢；一个爱运动，一个很宅。遇到矛盾冲突时的反应不同：一个激动，一个沉默；一个想沟通，一个想安静。或者，生活态度和事业预期不同：一个想过小日子，一个想奋斗；一个刚入职场，一个职业发展遇到了瓶颈。

还有，两个人表达亲密和情欲的方式，也可能不同：一个很开放，一个很保守；一个需要高浓度亲密感浸泡，一个需要自由的个人空间。

只有尽可能多地了解这些维度，确信两个人的关系中不会有太多不利因素时，才能比较有信心地认为两人的关系是可持续的。有了投入的情感，又有了可持续的关系，才能真正幸福甜蜜。

你现在所处的状态，是有了感情，但还没有关系。因为距离的阻隔，还不足以看出这种关系是否可持续。你对他的了解，多半又因为你们所聊的话题，而仅限于一些特定的内容。

你是否了解他的家庭、生活、为人处世和所处的环境，以及他身边的人和事？有不少事情，是需要两个人见面、接触，通过一定的时间和事件，才能考量出关系匹配的程度。

所以，如果你立刻就决定去他那边生活，对你来说是有风险的。不要着急做决定，而是尽量创造机会，多花一些时间见面、接触，那么你对他的认识会越来越清楚，也就可以确定这段关系是否值得投入。

再耐心一点，给彼此多一些时间，别担心爱情的感觉会消散，因为会被时间带走的，注定都是没有结局的情感。

爱情始于不完美

我的来访者中有一个女孩，和男朋友相处时遇到了麻烦。女孩的父母不善于表达情感，习惯以批评的口吻来表达关心，所以女孩在恋爱中也不善于对男友表达亲密和爱意。这让男方感到困扰，并对女孩产生了很多不信任。两个人分分合合多次，但又相互眷恋，在情感不断被消磨之后，女孩决定求助于我，希望打破这个循环。

通过和她的对话，我发现他们都是敏感且不善于表达的人，同时又对情感抱有很高的期望。两人希望彼此足够信任、理解、接纳，但是沟通中的障碍却不断地让彼此失望，觉得两人的关系可能永远不会有期待中那么好。永远都不会吗？我不这么认为。

忘掉完美

当你看到“完美的爱情”时，你脑海里会浮现什么样的画面？甜蜜、幸福、真心相爱、理解尊重……如果有着这样的想象，你的感情未必会顺利，因为你会失望。完美的爱情不只是一种状态，更是一个过程。就好比一部电影的优劣，不能用其中某一帧画面来评判一样。

生命是有限的，人生是一个不断成熟的过程，我们会有很多弱点，会缺乏安全感，不自信，不懂得表达情感，不知道包容和接纳所爱的人。

这也就意味着：完美的爱情，很多时候始于不完美。相爱的过程，则是一种共同走向更好的尝试。

站在利己的角度，我们或许都会期待一个能无条件为自己付出、不计回报的伴侣。可是这样的关系并不可靠，即使真的存在这样的伴侣，这种被纵容和宠溺的感情也会阻碍两人的成长。另一方面，不完美的你面对一个完美的伴侣，反而会对关系缺乏掌控感和安全感。

真爱的意义，在于它是生命中难能可贵的一种激励个体和两人关系成长的美好力量。这种力量并不能免除我们必须面对的困难，却能在你受挫和停滞不前时给予你充足的信任与支持。拥有这样的爱，人们往往会有勇气直面曾经逃避的一切问题，从而让自己趋于完美。好的感情，就是在这种相互支持和鼓励之下不断成长的。

怎样建设理想的爱情？

首先，两个人必须形成这样的共识：我们之间会有矛盾冲突，但那不一定意味着我们不适合彼此。在选择分手或逃避之前，我们必须看看存在的问题是否可以通过各自的自我提升来化解。

其次，学会不再逃避矛盾冲突。冲突是两个人需要进一步完善自己的信号。用自欺欺人的态度去敷衍和忽略关系中的矛盾，就是忽略成长的信号。有些朋友特别害怕产生矛盾冲突，所以会极力去取悦迎合对方，可是这样的方式既让各自错过客观认识自己的机会，又让关系走向相安无事的假象。

再次，学会在心情平静的时候探讨关于个人成长的事情。矛盾发生后如果没有后续的探讨沟通，蕴含的成长机遇就会错失。我相信很多恋爱中的人都有这样一种感觉，矛盾过后，反而会变得更亲密。这其实一点都不奇怪，因为当你们开始修复关系的时候，会去探讨两个人如何可以做得更好的问题。这样的探讨，就是关系高速成长的机会，也会给双方带来信任感和亲密感。

最后，所有的言行都应该是为了让彼此变得更好。相处中难免有些分歧和冲突，但只要记得你们是相爱的，是希望彼此都变得更好的，你们的一言一行都是为了建设更好的关系，那么你们将有能力越过任何障碍。当你犹豫要不要说某些话、做某些事时，想想看这些言行会不会让关系变得更好。

我们无法真的达到完美，但只要双方都在不断变得更好，便是最真实的完美关系。

沉溺于被爱是失恋的开始

一个人对你好，你心动了，于是就会开始一段恋爱？找个对你好的人，就会永远幸福？不要让自己在感情里过得太舒服，因为沉溺于被爱就是失恋的开始。

最近一个女孩来找我咨询，说她出去参加一个户外旅行团时认识了一个男生，并且喜欢上了他，可是返程后不知道怎么和他继续下去，因为男生好像对她没有特别喜欢的感觉。

我问女孩，你喜欢他什么呀？她说男孩全程都默默照顾同行的女旅友们，后来和她搭上话之后对她也很好，还帮她在当地挑选了好多纪念品和礼品，最后还帮她把东西扛回去。整个过程她都觉得男孩细心体贴，所以她动心了。

可是女孩说回到家乡后，想邀请他一起去参加其他的活动，他的反应却很冷淡。女孩因此感到很困惑，想知道为什么前后的差距这么大。于是我问女孩：他一路上照顾你，让你觉得他很贴心，那么他让你心动的原因是显而易见的。可是反过来说，你为他做了什么呢？你的哪些举动让他心动呢？

女孩一时不知该如何回答，连连承认自己疏忽了这个问题，回想起来确实只顾着享受美好，并没有注意自己的表现，甚至没有看到对方的反应，进而无法知道他的真实想法。

适应即盲目

这段对话让我感慨颇深，很多人都有这样的习惯，在被别人照顾和关爱的时候，完全沉浸在幸福的感觉中，却忘记了回应对方；在享受美好的时候，却没有站在对方的角度去考虑。人与人的感情是相互的，付出是因为在乎和爱，虽然不苛求回报，但是长久单方面付出的一方，难免会动摇。

研究发现，中百万彩票的人，前后的生活满意度差异并不大，包办婚姻的幸福指数也不见得比自由恋爱低。这是因为人的适应能力很强，无论进入什么场景，都会慢慢找到平衡点。

适应能力强有利于我们生存，可是在感情中，尤其是当你作为被爱的一方时，更应该时时为自己敲敲警钟。当我们沉溺于被爱的时候，就非常容易习以为常，忘记他人的付出并非理所当然。我们会慢慢忘了去关注爱我们的人，忘了给他们同样的回应。

一个持续付出但得不到回应的伴侣多半会离开你。有些恋情为什么一方自我感觉良好，另一方却突然提出分手，往往就是因为被爱的一方太舒服了，忘乎所以了。付出的一方最终会因为失望而选择头也不回地离开。

摆脱沉溺

我真心希望每一个恋爱中的人，都不要只顾着享受对方带给你的感动和温暖，要多想想自己可以为他做些什么。在你感到最幸福、最满足的时候，记得问问自己：他是否和我一样幸福?

永远不要认为一个人爱你是理所当然的。大多数努力去爱别人的人，都同样渴望被爱，因为他们相信“当这个世界不够爱你的时候，狠狠地爱回去”这个道理。所以千万别辜负了这些人的努力。

文章开头故事中的女孩问我：“那我接下来应该怎么办？”

我建议她这样去和男孩说：“你对大家都很好，但我在想你是不是也挺孤独的，每一个因你喜笑颜开的人都忽略了，其实你也需要被关怀。”一个乐于付出的人，其实并不需要太多回报。站在他的角度，让对方知道你理解他的心意，也感激他的爱，或许就是对爱人特别暖心的回应了。

要长久地被爱，请一定记住正确的回应方式：看到他人为你付出的努力，准确地描述别人为你所做的事情，描述你接受时的感受，然后真诚地感谢对方的心意。

面包和爱情

我有两位朋友，A小姐是某奢侈品公司的高管，收入丰厚，过着令人羡慕的生活。不过她单身已久，对自己的生活很不满意。B小姐是位银行职员，去年和情投意合的男友结了婚，两个人都做着很普通的工作，夫妻二人目前正在为假期的欧洲游努力攒钱。

A和B哪一位更快乐？有人肯定会说，物质不重要，情感上的幸福美满才是关键。也有人会说，物质条件不好，再美满的爱情也会被消磨殆尽。重感情还是重物质，这是当今很多单身者纠结的问题。

A和B其实都很快乐，但似乎这又是矛盾的，明明一个有钱没爱，一个有爱没钱，那快乐到底是什么呢？要想清楚这个问题，我们必须从人类的一个认知特性说起。

“我们在体味人生时，用了两种自我：一种是体验自我（experiencing self），这种自我活在当下，洞察此刻的人生。另一种则是记忆自我（remembering self），它负责记录生活，抒写生活故事。”这是诺贝尔奖获得者、行为经济学家丹尼尔·卡尼曼（Daniel Kahneman）在TED演讲中的一番话。他告诉我们，人们对这两个自我的混淆，导致了我们对快乐的理解含糊不清。其实这是一个重视过程还是重视结果的问题。

认为过程重要的人，更偏重于体验自我，关注每时每刻的感受和情绪是否令人愉悦，无论结果好坏。看重结果的人则更倾向于依赖记忆自我，因为结果极大地决定了我们对于自己快乐程度的整体评估结果。

这样就形成了两个不同的问题：你过得快乐吗？你对生活满意吗？曾有心理学家将自我分为记忆自我（The remenkering Self）和经验自我（The experiencing Self），二者对于快乐程度的感觉和评价不尽相同。比如我们的朋友A小姐，日子过得很滋润，她的体验自我时刻都在获得享受，可是她的记忆自我会时刻抗议感情上的残缺是不可接受的。而B小姐和她先生的日子可能过得比较节俭，没有那么多享乐，但是综合来看，她（以及她的家人朋友）会觉得生活稳定，夫妻感情也好，钱虽然少一点，但是想要的都有了，应该满足了。

更重要的一个问题是，体验自我和记忆自我没有绝对的轻重之分。很多人喜欢二选一寻找最佳答案，因此才会面临过程或结果、感情或物质这样难以取舍的问题。体验自我和记忆自我，对应的是情绪上的快乐和认知上的满意。选择面包或者爱情，其实就是要选择快乐和满意。显然，没有人愿意过完全不快乐的生活，也没有人愿意对自己的生活彻底不满意。

生活的智慧在于平衡，面包和爱情的问题亦是如此。

孰轻孰重，比较实际的答案是：你可以偏向任何一方面，但是同时不要失去补偿或者提升另一方面的可能性。这也是为什么一个很爱你同时能够支持你事业发展的女孩，或者一个很爱你同时上升潜力很大的男孩，永远是最抢手的。

你可以为了情感快乐牺牲一点生活满意度，反过来也一样，总之你需要让自己的生活中多些快乐的体验和情绪，同时又能对自己的感情和生活有不错的评价。

第 3 章　亲密只给最认真的人

感情中矛盾的真相

H小姐和M先生谈恋爱一年有余，他们一起来见我的时候，告诉我他们之间已经无法有效沟通。我们花了两个小时的时间共同梳理了当前的问题，我发现他们之间所有的冲突，似乎都有一个固定的规律。

每当两人关系出现问题的时候，H小姐就会心情不好，而M先生则会很努力地寻找解决方案。可是他这么做反倒会让H小姐反感，进而变得非常焦躁，然后M先生就会陷入沉默和回避的状态，这让H小姐更加暴躁，于是两人的关系进入一个恶性循环，需要花很长时间才能缓解。

交往初期，这样的情况偶尔发生，两人也有足够的意愿和热情来修复这段关系，可是随着相处时间越久，矛盾不断积累，修复周期不断变长，两人的关系也就越来越差。在耗尽了最初的甜蜜之后，彼此都感到失望甚至绝望。

H小姐和M先生的情形，在我的情感咨询工作中很常见。很多人并不能足够理解自己的伴侣，所以容易怀疑对方言行举止的变化，是不够爱自己的表现。比如在这个案例中，H小姐反复指责M先生热恋期过后的表现大不如前，而每当听到这样的指责，M先生就会失落地垂下头，说自己总是被误解，非常难过。

越沟通越无效，在不断的失望和挫败感之后，彼此之间的矛盾也就越积越多。

移情

感情中这些无论怎么沟通也无法被理解的情绪、感受或反应，到底是怎么回事？理性沟通无法处理的问题，多半是和非理性的潜意识有关系。

弗洛伊德的精神分析理论中，有一个概念可以更好地帮助我们理解H小姐和M先生的状况——移情（Transference）。听上去很专业，但其实很容易理解。

在心理咨询的过程中，咨询师和来访者会建立起亲密的咨询关系。来访者经常会表现出一些看似莫名的情感，比如毫无必要的取悦、迎合，没有根据的猜疑、防御，或者难以控制的敌对情绪。这些情绪并非由咨询师的言行所致，而是来访者将童年家庭关系中被压抑的感受投射在了咨询师身上。

移情同样也会发生在伴侣关系中。童年留下的许多未经处理的情绪，会被当前关系中似曾相识的场景、关系状态，甚至是伴侣的外在表现所触发。移情在亲密关系中很常见，但是通过移情投射出的情绪如果是负面和病态的，那么亲密关系就会受到伤害。

感情中的移情

H小姐为什么会感觉到不被重视？因为她认为M先生寻找解决方案的行为，是把问题变成一个非情感的、纯理性的问题，是在拒绝回应她的情感。进一步了解之后发现，她对这种行为的厌恶，始于小时候父亲在情感上对她的疏远。每当H小姐希望亲近父亲的时候，父亲都会表达“有问题吗？没问题别来烦我”的意思。

与此同时，M先生专注于理性解决问题的行为，以及面对H小姐暴躁情绪时的沉默和回避心态，其实是因为M先生的父母关系紧张，自己一直不受重视，为了得到更多的关注，他从小就在家中扮演问题解决者的角色。但如果问题解决不了，比如对于父母的争吵，他往往感到焦虑和无能为力，所以习惯了以沉默来应对他无法解决的问题。

H小姐的焦躁情绪，并不是因为做作或者脾气暴躁，而是因为她在当下的关系中感受到了似曾相识的挫败和怨恨，她的表现更像是在抗议曾经的经历。而M先生的理性和回避，并不是不爱她，只是这种方式不为H小姐所理解和接受，而他对冲突的恐惧又让H小姐进一步感到自己被忽视。

移情的启示

最重要的一点是，你需要明白在和伴侣的相处中，对方的态度和反应并不都是针对你的。有很多人内心隐藏着原生家庭创伤引发的情绪，这些情绪往往很负面，在普通的人际关系中并不会轻易流露出来。而亲密关系中双方的情感距离足够近，被压抑的感受才可能得以释放。所以感情中的矛盾，并不完全是你们的沟通方式引起的，也可能是对方对你产生了移情心理。

要拥有高质量、低冲突的关系，一方面当然是注重沟通，但一个同样重要的问题就是要提升自我认知，化解潜意识中压抑的不良情绪。你可以通过自我探索或者心理咨询重新审视自己的成长过程，了解内心深处那些阴暗的角落，从而知道自己会在什么情况下产生移情心理。拥有了这样的认知，你才能够意识到冲突产生的原因，究竟是两个人之间的问题，还是被触发的不良情绪。

两人之间的沟通，不只是一个把事情分出对错的过程。如果矛盾是由双方移情心理所引起，那么仅仅纠结于对错，是无法解决问题的。H小姐和M先生，常常会花很多时间来争辩M先生的解决方案到底好不好，可真正的问题其实是两个人的情绪反应，是曾经糟糕的亲密体验在彼此身上的相互映射。理想的亲密关系中，两个人若能够联系各自的成长经历来看待彼此，分清楚矛盾来自客观冲突还是移情作用，甚至能够共同探讨和处理移情心理，将会获得深度的理解与接纳。

你是焦虑型依恋人格吗?

从情绪取向治疗（Emotionally Focused Therapy，EFT）的角度来看，焦虑型依恋是指用焦虑掩饰对被抛弃的恐惧。焦虑型依恋的人，可能因为小时候父母对自己的回应方式不及时、不持续或者时好时坏，所以长期处于被忽略或被抛弃的恐惧当中。这种恐惧被称为原生情绪。

为了保护自己免受原生情绪的困扰，便可能产生出所谓的次生情绪来进行自我保护。有的人会愤怒地抗拒他人，有的人则会产生焦虑情绪，向父母发出既依赖又抗拒的信号，以此来获得对方的持续关注。还有的人会展现冷漠无情的一面，让对方感到“我不需要你”，以此来保护自己。

当一个人的主要情绪为愤怒和焦虑时，可以被归为焦虑—抗拒（anxious–resistant）型，而当一个人更多表现出疏离和冷漠时，则可以被归类为焦虑—逃避（anxious–avoidant）型。虽然表现有所不同，但是两种类型的人，内在的情绪都是对被抛弃的恐惧，只是反应不同。尤其是逃避型的人，很容易让人以为她真的冷漠，但其疏离行为只是对内在痛苦的掩饰。

焦虑型的人成年后在与伴侣相处时，也常常会展现愤怒、焦虑或者疏离的次生情绪。比如焦虑—抗拒型的人，会要求爱人迅速回复电话短信，每天报告行踪，禁止其和其他异性来往，等等。

一旦达不到这些期望，这种类型的人就会展现出巨大的愤怒和焦虑情绪。抗拒型的人，会依赖这种反应来获取对方更多的关注和照顾，从而安抚自己的不安。而逃避型的人，在面对类似场景时，则更多展现出疏离的倾向，采取回避、忽视、冷战等方式，来掩饰自己对关系破裂的恐惧。

焦虑型依恋的影响

焦虑型依恋对于成年人亲密关系的影响在于，这种次生情绪（愤怒/焦虑、疏离/冷漠）的本意是表达内心原生情绪——希望被照顾的诉求，但是站在伴侣的角度，他却会被对方外露的次生情绪所干扰，从而产生误解。

焦虑型依恋的人会让他们的伴侣感到困惑，他们非常敏感，一件小事就会被触发，反应过于强烈。或者很冷漠，不理会周围的人，遇到问题会把自己像刺猬一样包裹起来。

虽然你的最深层情绪是担心被抛弃，但是表现出来的次生情绪却可能让伴侣感到你占有欲强、爱管闲事、缺乏信任或者拒人于千里之外。由于不清楚这些行为的真正动机，伴侣也就无法安抚你的原生情绪，而只能回应你表现出来的次生情绪。

若两个人都是焦虑型依恋性格，情况则有可能更糟糕。当一方感到恐惧并展现愤怒、焦虑或者疏离时，也会触发另一方的恐惧并且展现类似的次生情绪。尤其当一方是抗拒型，而另一方是逃避型的时候，就会产生夫妻关系中十分常见的逼近—回避的场景：一方不断抗议、逼近、索取更多的爱，另一方则不断逃避、疏离、拒绝进一步沟通。

如何改善？

首先，建议你和伴侣一起去寻求专业的帮助，向情绪取向治疗方面或擅长处理夫妻关系的咨询师求助。需要强调的一点是，依恋性格可能会影响和塑造你成年后的亲密关系，但并不会完全决定你的未来。只要把时间和金钱投资在重塑自己的性格上面，对幸福指数的提升会有非常大的帮助。

如果你暂时无法寻求专业帮助，只能依靠自己去做调整，那么这会是个不小的工程，需要你的耐心和坚持，因为毕竟要改变多年形成的习惯，不是一朝一夕的事情。

建议你按照这三个步骤去做：理解与反思，沟通与商讨，尝试与改进。

理解与反思

人格、情感模式和行为的自我调整，最重要的前提就是自我认知。人们遇到问题时习惯于指责和怪罪别人，但其实自己需要做更多的工作。

只有清楚地了解自己的问题，知道它如何形成，会有哪些习惯性的反应，才能够有针对性地做出改变。如果你觉得自己是焦虑型人格并且对现状不满，那么你需要对依恋性格理论有更深入的理解。

你需要反思的是，你的愤怒、焦虑或者疏离的表现，本质上是为了安抚自己，让自己避免面对被抛弃的恐惧。可是这些表现，是否真的可以达到安抚自己的目的？是否有更好的选择？

你将一张纸一分为二，在左侧列举一些容易触发你焦虑型依恋的场景，以及这些场景里你的情绪、想法和行为，然后在右侧列举理想状况下你认为最好的，最能够安抚你的恐惧，也最有利于双方关系的结果。然后你可以问自己：如果按照左边的想法去行事，真的可以得到右边的结果吗？

比如你在左边写的是，男朋友不回复短信，你怀疑他和其他女孩在一起，于是你打电话向他抱怨并与其争吵。这样的行为，可以让你的伴侣了解你的担忧，能够促使他自愿地给予你安抚和积极回应吗？愤怒和焦虑，往往可以在当下为自己争取更多的注意力，但是从长远来看，这种强迫性的索取，并不利于双方形成亲密的回应模式，而是会让一切亲密行为看上去都像完成任务一样。

在我的经验中，很多焦虑型依恋的人，在情感诉求的表达上往往都是词不达意的。心里想的是一种，表达出来让别人接收到的是另一种。不仅没有得到安抚，反而破坏了彼此的感情和信任，加剧了冲突。

沟通与商讨

在对自己的情况进行充分反思之后，你可以和自己的伴侣进行较为深入的沟通，让他了解你的成长经历如何影响你的性格，包括有哪些重要事件塑造了你的习惯和行为，以及当你做哪些事情的时候，是你的愤怒、焦虑或者疏离情绪在作祟。同时也让对方知道当你做这些事情的时候，是因为不安，而不是嫌弃或不信任对方。这样的沟通，可以帮助对方将冲突归因于你内心需要被呵护的部分，而不是你们的关系。

你也可以和伴侣分享当前他回应你的方式，会让你有哪些感受和想法，尤其是情绪上的反应是怎样的。比如当对方在微信里只回复一个“哦”的时候，你的心里会隐隐有些被冷落的感觉。因为你从不表达，对方可能从未注意到你的情绪，行为上没有调整，反过来就强化了你最初的不满。除了分享，也应该向伴侣提出能让你满意的表达，比如把“哦”换成相对更热情的“好哒”。

你们还需要共同分析，在过去的互动当中，有哪些因素一直在阻止你们尝试新的方法，导致你们一直执着于某种低效的、不良的互动模式。双方的哪些误区，限制了你们对于不同互动模式的探索，比如一方可能觉得沟通的方式不需要刻意去讨论，另一方认为自己的沟通习惯无法被改变。

有了这样的相互了解和分析，你们可以共同商讨，未来在类似的情况下，双方可以做哪些事情来更好地回应彼此。你们可以设计和约定一些特定的行为，以及如果出现回应不及时的问题，可采取的最佳修复方式。

成熟的伴侣是非常善于修复关系的。出了问题，不要让它就这么过去，而是等平静下来之后，两人一起去沟通、探讨，摸索出更好的方式来修复，避免以后再次发生同样的问题。

尝试与改进

接下来，就是要把所有的计划和商讨付诸实践。我的建议是，先从一些相对简单的小事入手，尝试一些新的方法，来得到一些互动中的“额外体验”。

比如，以前对方不回信息，你会很焦虑并且打电话去质问，那么这一次你试着打电话告诉对方你又产生了焦虑感，希望对方知道，而对方则改变之前敷衍的态度，鼓励你勇敢面对焦虑，给予你情感上的支持。这种新的互动方式，会带来新的体验和情绪反应，而这种独特的结果，会成为改善两个人关系的基石。

另一方面，并非所有方法都奏效，或者能同时照顾到双方的感受。所以不断改进和平衡也很重要。但是万变不离其宗的基本思路是：

（1）尽量让对方透过你的次生情绪和行为，看到你的原生情绪，给予对方机会，以准确回应你对被抛弃的恐惧；

（2）两人关系出现矛盾和裂痕后，要积极迅速地修复，不要让次生情绪有不断滋生和发酵的空间。

最后，我推荐一本书：《亲爱的，我们别吵了》，它是情绪取向疗法的创始人之一苏珊·约翰逊的作品，是写给大众读者的，非常适合深入理解和反思这个问题，也给出了很多值得尝试的实操方法。

难熬的感情，坚持还是止损？

“Steve，我想帮我朋友问问她该不该离婚？”

“好啊，你说。”

与朋友坐在上海老街边梧桐树下的咖啡店，这个关于婚姻的问题让我从午餐后的困倦中清醒起来。

“想象一下这样的场景：你35岁了，结婚8年，女儿8岁，先生事业发展不错，你们的物质生活很富裕。人生是不是很完美了，一切想要的东西都有了？

“再想象一下这样的场景：因为奉子成婚，双方感情基础薄弱，目前已经没太多感情可言，先生明显已经变心，你们一年只有两三次性生活，在家里也是分房间睡觉。你尽了一切努力但双方关系毫无起色。

“最后想象一下：以上两种场景同时发生在你身上，你会怎么办？”

朋友描绘的场景我一点儿也不陌生，继续生活还是分开，力挽狂澜还是忍痛割爱。年龄不小了，孩子尚年幼，生活条件也难以放弃。虽然情感上没法接受日复一日的煎熬，可有那么多现实问题需要考虑，实在没法做出抉择。

朋友问我应该怎么办，因为她自己认为她朋友应该继续尝试，所以用期待的眼神等我给出灵丹妙药般的建议。“想离婚就离啊，做决定有这么难吗？”我回复道。

我的回复让朋友的眼中瞬间闪过一丝意外、惊讶、不解和不满，她质疑：“可是她年龄都这么大了，还有小孩，而且要离婚也涉及很多现实的问题……”

“是的，我知道有这些问题，确实有很多需要考虑。但如果换了是我，我可能会抛硬币。”朋友的眼睛睁得更大了。我赶紧向她解释了我的想法。

要不要分开的问题，经常会出现这种二选一的纠结情况。分或不分都各有利弊。让人纠结的，其实是只想得到好处却不愿付出代价的幻想，比如处理婚姻问题时，既不破坏现有生活的秩序和家庭的完整，又可以在情感上得到更好的满足。

如果没有这样完美的选项，关系已经到了必须做出取舍的时候，天平两边的砝码是等量的，那么不管你走哪条路，得到一些东西的同时必然会舍弃另一些东西。这种情况下，抛硬币至少还能帮你尽快做出选择，减少不断纠结带来的痛苦。

子女往往是父母坚持忍受不幸婚姻的最常见借口，人们本能地认为离婚是件坏事，不完整的家庭会给子女带来不良影响。但在我看来，在一段痛苦的婚姻中坚守反而是特别糟糕的教育方式。那样的家庭氛围看似“完整”，但却十分压抑和冷漠，成年人容易低估孩子的敏感度，以为他们感受不到这种冷漠。孩子们确实没法清晰地理解和描述家庭氛围，但正因为如此，这个阶段经受的情感冲击才是成年后最难化解的心结。

缺乏勇气走出糟糕关系的父母，直接传达给子女的态度是：生活中的困难要克服，需要付出代价，我不想付出代价，所以我宁可屈服隐忍。而这样的选择，子女未来一定会效仿。当自己遇到困境时多半会选择逃避。好的父母应该让孩子懂得：我们要学会付出代价，做出牺牲，敢于为想要获得的结果忍受痛苦。

最后回到个人的情感决策上，有个人人都必须学会的道理是“止损”。这个常见于投资领域的概念告诉我们：如果鳄鱼咬住了你的脚，你尝试用手去挣脱鳄鱼，那么最终鳄鱼会同时咬住你的手与脚。所以如果鳄鱼咬住了你的脚，唯一的生存机会是牺牲一只脚。

名存实亡的婚姻就好比被鳄鱼咬住的脚，是你的一部分，因为不忍失去，你会想方设法拯救它，甚至幻想鳄鱼可以松口。可是看看你的周围，被成功拯救的婚姻就好像仁慈松口的鳄鱼一样罕见。

任何形式的失败，其实都是生活在提示我们：你的方法不对，需要调整。拒绝分手或者离婚，找各种理由说服自己死扛，本质就是拒绝承认错误。当你忽视生活给你的提示时，获得的只能是更多更激烈和强硬的提示，直到你被彻底打垮。

故事中这位正在婚姻中挣扎的主人公面临的就是这样的选择：继续将模糊而又不切实际的希望寄托于这段婚姻，还是学会止损，立刻放弃。可以预见的状况是，越坚忍，她会越觉得无法离婚，从而更加深陷于不幸中无法自拔。坚持是一种品质，可是无底线的坚持就成了软弱。你以为坚持能带来价值，但是如果你有过那种挣扎多年最终分手的经历就会知道，这样的“坚持”并不会给你后来的生活带来成就感和满足感。

坚持和止损的界限在哪里，这是在走进一段关系时就需要想清楚的问题。一段关系对你来说最重要且不可妥协的因素是什么，应该明确。不论你的止损点是什么，明确并坚持它是再重要不过的事情。

年轻一代，在情感方面获得的指导太有限，所以不得不在婚姻中不断试错继而成长。聪明的人尊重失败的经验，心甘情愿付出代价，因而越来越成熟。拒绝接受失败给予的提示，虽然也能勉强前行，但终究会付出更大的代价，获得极少的成长。为什么有的人有不少失败的情感经历，但却越走越顺，越来越有激情，而有的人经验不多却对感情麻木疲倦，区别就在于此。

给关系帮倒忙的惩罚式激励

很多人和伴侣相处的时候有个不好的习惯，就是进行惩罚式激励。前几天有位来访者，说女朋友总是喜欢在他面前提及自己的一位工作伙伴，称赞那位男士成熟、上进和优秀。这些话让他心里很不是滋味，自信心受到打击。而女朋友则是希望通过这种方式激励他，让他变得更上进。

这就是典型的惩罚式激励。当亲密关系中出现问题的时候，应该积极沟通，激励自己的伴侣，共同促进双方的关系。可是很多人却喜欢用抱怨、指责、质疑和发泄的方式来表达自己的感受。

很多人习惯通过惩罚的方式激励对方，促使其行为发生改变。有些老师和家长惯用打骂式惩罚，看似是在激励我们，但其实伤害了我们的自尊心和自信心。

很多人在成年之后，由于缺少正确的模仿对象，便身不由己地将自己所痛恨的惩罚式激励照搬进自己的生活。他们对待恋人的时候，以为只有让对方足够害怕、足够有压力，对方才会变得更好。遗憾的是，孩子无法选择父母，但恋人可以选择离开。

一味地批判和否定，只会给伴侣带来更多的负面情绪。然而并不是每一个人都能被这些负面情绪所激励，因为批判是对个人界限的侵犯，如果对方很重视界限感，那么他可能通过抵触、回避或者叛逆的方式来保护自己的界限。这种情况下，即使你指出的问题客观存在，惩罚式激励也不会有什么效果。

所以，如果你希望拥有一段稳定而成熟的关系，就必须换个角度，用适当的方法来处理两人之间的问题。你需要做的就是正面表达你对对方的期望，并且让他看到改变可以带来什么样的回报。

回到那个案例，我问这位来访者："你觉得女朋友怎样激励你最有效，能让你乐意接受？"他说："当然是直接表达，她可以告诉我希望我上进，为了我们的感情要好好努力，这样我们的感情肯定会越来越甜蜜。"

同理，每当你和伴侣之间出现矛盾的时候，你需要先思考以下两个问题：对方怎么改变能够让你感到满意？如果有人要让你做出这样的改变，激励你的最好方式是什么？把这两个问题的答案，与对方积极沟通，相信你们的关系会变得越来越稳定和谐。

感情中为何很难“被看到”？

我曾经连续多年在上海举办亲密关系培训课程，从对数百名学员的观察中发现，许多人难以在关系中建立亲密感，因为他们忽略了沟通中的一个重要细节。

我的课程里面有一个很重要的概念叫作“共情”，指的是我们理解和感受他人情绪和状态，并且给予恰当回应的能力。不懂得共情会怎样呢？举个例子，我们约会的时候听到对方：

（1）向你讲述一段艰辛的创业故事，并且不情愿地承认，项目走到现在已经无法继续进行下去，于是不得不放弃。

（2）抱怨今天被老板冤枉，自己是在为他人的错误背黑锅。

（3）吐露家人对自己的个人问题施压太多，但自己并不愿意随便找个人结婚。

你会如何回答？在我的课堂上大多数人的答案如下：

（1）这个行业现在情况如何呢？是哪里出了问题？还有办法补救吗？我认识一个朋友也是做这行的，让他给你一些建议好吗？

（2）为什么背黑锅啊？你去和老板解释一下吧。

（3）你家人对你有哪些具体要求？你想找个什么样的人结婚呢？

我猜你多半会认为以上回答很正常，没什么不对。是的，这些回应从逻辑上看完全没问题，你的意愿是尽快帮对方解决问题。可是如果你站在对方的角度想想，会发现他的本意并不一定是解决问题，可能仅仅是想要找个人倾诉。

很多人之所以不懂换位思考，是因为他们不善于面对消极情绪，或者出于自我保护的本能，而有意无意地忽视消极情绪。无法处理好情绪，不能换位思考，在我看来这就是缺乏共情能力的表现，也是一段关系中阻碍亲密感产生的主要障碍。

具有共情能力的人，可能会这样回应：

（1）付出那么多心血后又要放弃，那会多么令人心疼啊，像被心爱的人抛弃了一样，不知道你是不是会有这种感觉。如果你愿意的话，把我当作树洞好好和我诉说下吧。

（2）老板肯定是错怪你了，这样的滋味一定不好受。跟我吐吐槽吧，你的黑锅我帮你背一半。

（3）家里人得罪不起，但又不能让自己委屈，这种进退两难的局面会让你很不开心吧？

这样的话是不是听上去让人舒服和温暖许多？因为我在回应的时候充分考虑到了对方的心情，此时他最需要的就是被人理解和安抚。解决方法可以由普通朋友提出，情感上的呵护照顾只能由最亲近的人来做。你无法在情感上照顾对方，就不能成为他最亲近的人。

爱情在本质上是一种情绪体验，我的培训经验告诉我，绝大多数人面对情绪的反应是十分笨拙的。有的人对情绪很麻木，体会不到对方当下的心情；有的人对情绪有本能的回避倾向，明明知道对方心情不佳，却不敢正面询问和回应；还有的人面对情绪会有很反常的回应，甚至指责或者嘲笑对方。

上面的三个场景里，因为缺乏共情能力，有人会轻描淡写地评论第一个人道：“创业确实挺难的。”有人会激动地指责第二个人：“你怎么能这样任人宰割？”有人会伪善地告诉第三个人：“不听老人言，吃亏在眼前，他们也是为了你好。”他们的逻辑都没错，但结果往往让人不舒服。试想一下，你向自己心爱的人吐露心声，而他用这样缺乏人情味的方式回应你，你会多么失望啊！

我们中的大多数人，包括我自己，从小潜移默化接受的观点都是排斥和回避情绪，因为情绪是负面的，会让人际关系不和谐，会让人变得冲动和不理智。父母和师长对我们的教育多以讲道理为主，很少鼓励我们体验各种各样的情绪。讲道理的方法有千万种，但是让人感到被重视、被理解的方式却只有共情。

对情绪的感知和回应是一种需要长期训练并积累的能力。如果你没有从小培养这样的习惯，那么请从现在开始，面对伴侣时关注对方所表露的情绪信息，少一些分析，多一些感受。你们是恋人关系，而恋人之所以独一无二，就是因为他可以在所有人都对你摆事实讲道理的时候，让你感到你的情感是他最为关注、最愿意呵护的部分。

那种“被重视”的感觉，正是共情能力带来的结果。因此改变对情绪的认知，在亲密关系中学会共情，懂得易地而处，应该是每个渴望幸福的人一生的必修课。

第二部分

与自己对话

人生中最重要的人际关系不是伴侣关系，也不是亲子关系，而是与自我的关系。你真正了解自己吗？会与自己相处吗？其实你如何对待自己，便会如何对待这个世界。也许会有人要求你对别人尽义务，而我只想鼓励你，多爱自己一点，你才是最重要的人。

第 4 章　在爱情中内省

难以承受的情感自由

心理学知识的普及让我们对爱情有了许多新的认识角度，比如从成长经历去理解自己的情感需求，从原生家庭关系去觉察恋爱中的情感模式。但是所有这些针对个体的探索，都回答不了一个重要问题：为什么在情感生活相对自由的年代，我们却对感情感到前所未有的困惑和迷茫？

自由的负担

我们的父辈，他们身边朋友的总数也许还比不上我们一个微信群的成员数量。他们需要通过单位或者朋友介绍才能认识异性，而我们却可以在社交软件、聚会或者相亲活动中毫不费力地添加形形色色的约会对象。

与此同时，社会和经济的发展也为年轻人的职业和生活方式带来了更加多元和开放的局面。相比上一代，我们拥有了更多的选择和自由，但同时也需要承担更多责任。作为在个体化社会里成长起来的第一代人，父母的生活经验和现有的社会剧本并没有太多参考价值。在处理亲密关系时，年轻一代时常感觉父母的观念太过落后和保守。

父辈中的大多数人在年轻时便确定了职业和婚姻，而我们在同样的年纪却需要面对更多的不确定性，需要花更长的时间进行思考和自我探索。所以我们会发现，丰富的社交选择反而增加了恋爱前做决策的负担。不知道自己想要什么，成了当下年轻人推动亲密关系发展的普遍障碍。

自由与创造

作为情感相对自由、自主意识较强的一代人，我们应该如何找寻到自己在情感和人生中的方向呢？著名的心理学家埃里希·弗洛姆（Erich Fromm）将自由分为消极自由和积极自由。前者指的是当我们摆脱传统和制度对个体的束缚之后所获得的自由，后者则要求人们积极利用自己的主观能动性和创造力，与他人建立起超越传统观念的联结感。

联系到亲密关系，我们不再需要受古代封建婚姻制度的约束，可以更自由地选择自己渴望的关系。但是如果我们不能以积极和创造性的的姿态去面对这份自由，那么自由反而会让人感到迷茫。想要获得情感上的积极自由，我认为你需要抱有这样的态度：

首先，要承担起学习和自我探索的责任。要主动寻找自己在生活中最合适的位置。在不断的尝试和体验中，发现最符合自己内心愿望的情感模式。

其次，你要始终将自我成长作为亲密关系中的核心目标。保守封闭的情感关系能让你感到暂时的安全，但却会阻碍你实现自我完善的目标。因为害怕受伤或者害怕孤独而妥协，会让你在亲密关系中越发感觉困惑。

最重要的是，你要懂得创新，不玩别人的游戏。如果你有足够的能力和勇气，那么你尽可以尝试建立自己的游戏规则，宣扬你的价值观念，影响和改变周围的人，在无止境的学习、对话和反思中不断成长。

如果你可以找到志同道合的伴侣，那么你们将会拥有一段有机的、不断成长的亲密关系。在这个充满变数的环境中，稳固的关系靠的不是死守，而是持续的学习和适应。这才是情感关系中真正的自由。

用埃里希·弗洛姆的话来说，最终我们将会获得的真正的自由就是“带着创造性和完善的人格，自发地以超越传统的方式与他人和世界重新紧密相连”。

在感情中如何知道自己想要什么？

前来向我求助的朋友们经常说不知道自己想要什么，适合什么样的人，所以才有了那些我们耳熟能详却永远也想不清楚的纠结问题：我应该找我喜欢的还是喜欢我的？应该找有感觉的还是条件好的？在感情中我们很容易把注意力放在对外寻找上，却忽略了困惑往往来源于自我。我在帮助来访者处理他们的情感问题时，通常会建议他们从重新了解自己开始。

为什么了解自己很重要？第一个原因是，如果你不了解自己的情感需要，便很难在感情中得到满足。我曾经历过这样的阶段，不断开始新的感情，却有着类似的开头和结局，其中的快乐程度都只能用“仅此而已”来概括，而每段关系从蜜月期到磨合期，再到最后的平淡期，似乎是一个不断重复的循环，我也无力打破。

我的这种无力其实并不是因为对方不够好，而是因为不知道什么样的关系会让自己满意。只能在看上去差强人意的关系中得过且过，并且把对自己的片面认知，归结于伴侣的不理解。在感情中如果抱有这样的心态，是很难和伴侣真正亲近的。

第二个原因是，要想让亲密感一直存在，关系就必须不断成长。乐观的人以为，关系确定了，结婚了，两个人就可以一直亲密下去。

悲观的人则认为，热恋期的感情很甜蜜，但是热恋期一过，感情就开始走下坡路。而这两种看法，都忽略了情感关系动态的、发展的一面。

关系要获得成长，首先是处在关系中的人要成长。如果有一方在心理上、情感上处于停滞不前的状态，那么另一方就会明显感觉到脱节，从而失去原有的亲近感。比如，有的女人婚后成了全职太太，将个人成长的停滞归咎于操持家庭，和先生在阅历和思想上逐渐脱节，渐行渐远。又比如，有的男性一直保持着学生时期的心态，沉迷于游戏和其他娱乐活动，拒绝面对自己的成长，也不愿认真思考未来。

了解自己的情感需要，从更长远的角度来说也是了解自己的成长需要，知道自己为什么活着，这一生想要得到什么、实现什么。或许你的伴侣可以帮你思考和明确这些问题，但从很大程度上说，这是一门需要自己独立完成的功课。

"想要"和"需要"

关于是否足够了解自己的情感需求这个话题，我会用一个简单的问题来测试："你为什么要恋爱、结婚？"对此，我得到的常见答案是：自己到了一定年纪应该稳定下来了，家里人也比较着急，看到周围的同事、朋友也都结婚了，所以就结婚了。

在我看来，这就是不了解自己情感需求的表现，因为这里给出的是一个人想要却未必需要的东西。关于人的想要和需要，我们要进行一下区分。你可以将这两者的关系理解为路径和目标，我们通过得到想要的东西，来满足根本的需要。想要的东西往往是某些具体的事物，而需要很多时候则是主观的体验和感受。

比如，我想要很多钱，因为有了钱别人就会尊重我，所以我需要的其实是尊重；我想要先生对我很专一，这会让我感觉他很重视我，所以我需要的是重视；我想要很多漂亮的衣服和包，因为我打扮漂亮了，别人才会认可我，所以我需要的是认可。

当一个人告诉我她走进一段感情是因为年龄、家人和社会压力时，她的真正需要可能是自信、安全感、归属感，以及被认可、被尊重、被接纳等。更进一步说，一个人得到了想要的东西，是否就一定能满足自己的需要？很多人在这两者的关系认知上存在着很大的偏差。比如走入婚姻，需要的是被别人认可和尊重，但是满足了家人和社会的期望，就一定能被别人认可和尊重吗？

自我认知和情感质量

在我看来，能清楚区分自己想要什么、需要什么，并能明白两者之间的关系，是一种判断自我认知的重要方式。为什么重要呢？结合前面提到的“不了解自己”会带来的两个后果来看这个问题。

难以在亲密关系中获得满足：

如果无法区分想要和需要，便会把生命浪费在肤浅的、想要的事物上。而人只有当需要被满足时，才会感到发自内心的满意。比如，曾经有一位女性来访者，因为急于成家而选择和一个她并不爱的男人结婚，婚后这段情感关系让她很不满意，但又无法抽离。她告诉我，走进感情是因为想要组建家庭，可是她并不清楚自己需要从家庭当中得到些什么。

通过深入交流，我发现她的成长经历中缺失来自家庭的支持和重视。可是她对自己在感情中的需要不甚了解，所以心里只有“我想有个属于自己的家庭”这种念头，却没意识到她太渴望家的形式，而忽略了自己的真实需要。我们对她想要和需要的东西进行梳理，会发现，她一直苦苦追求“有家”的状态，却无法理解自己的不满从何而来。

关系停止成长

从满足需要的角度来说，人生或许就是朝着完全满足的完美状态无限接近的过程。那么，成长就是一个以不断获取新的能力和方式来满足个人需要的过程。如果对于自己的需要认识得不清晰，那么情感就可能在很长时间内被聚焦在一些反复尝试但一直得不到理想结果的事情上，而失去了进一步发展自己心智和能力的机会。

在我的咨询工作中经常遇到这样的情况。比如有一位来访者，她生活中几乎所有的重要选择都是为了取悦父母。后来这种取悦的习惯也转移到了情感关系中，导致她和伴侣的关系越来越差，而她却无能为力。

通过深入交流，我发现她其实意识到自己一直在取悦别人，也觉得这样做很对不起自己。可是因为取悦能够换来他人的一点点认可，所以她持续着这种低效的模式，牺牲大量的时间和情感来换取少量的满足。

她在亲密关系中，并没有找到其他的方式来获得认可，包括学会自我认可。所以她的成长一直处于停滞状态，而她和伴侣的关系也在复制她与父母的关系模式。这个模式在关系初期还能够维持，可是随着两人关系的深入发展，新的问题和矛盾就会不断产生。

孤独的都市人

身份、欲望、意义、方向感和归属感，构成了都市人内心的情感漩涡。当我们时常需要独自面对这漩涡时，孤独感便成了底色。因为身处都市人际关系网络的中心，我们与他人的关系有着更多可能性，这也让孤独不再是个体的问题，而是关乎这个时代和环境。

在上海这样的大城市里，很容易遇到来自全国各地的孤独奋斗一族。在我的咨询经历中，也常常和这样的人相遇，他们可能高中毕业就离开了自己的家乡，在他乡求学或工作，经过若干年的打拼，也逐渐在这个曾经陌生的城市建立起自己的生活。

可是这些人却面临着非常独特的心理和人际关系状况，而一些更宏观的社会问题或许与之相关。他们是中国经济和社会发展的重要支柱，但也为发展和进步付出了很大的心理和情感代价。

小A来自一个四线城市的小康之家，从小被父母无微不至地照顾，可是在高考填报志愿的时候，她选择了一所离家很远的大学。之所以做这个选择，是因为她觉得父母对自己束缚太多，尤其是母亲。母亲是一位符合当地传统观念的典型的家庭主妇，一直没有自己的事业和生活，所以过多地把心思倾注在小A身上，关注她生活中的每一个细节，这在小A眼里是一种吞噬性的令人窒息的爱。最终小

A来到了上海，开始了一个人的生活。

小T的家在北方一个三线城市，后来因为父亲的工作调动而来到南方，又因为求学的缘故，独自一人辗转多地生活。毕业之后选择在上海工作，表面上是因为这里的发展空间较大，其实通过深入了解我才明白，他的父亲因工作忙碌常常不在家，母亲又是一个强势但不太懂得如何表达爱的女性，所以他和父母的感情比较疏远。

或许对于小A和小T来说，若他们的家庭关系和睦一些，对父母的依恋更多一些，他们就不会选择离开自己的家乡。可是往往越小的城市，女性的地位越低，家庭分工就越不均衡，这便造成了父母在子女成长经历中扮演的角色失衡。许多子女，就是被自己大男子主义而又不近人情的父亲和缺乏自我价值感而将孩子当作人生寄托的母亲逼出了家门。

孤独的开始

当你遇到一个独自在外求学或者工作的人，并说“一个人在外一定很不容易，一定很孤独”的时候，十有八九对方会告诉你其实还好，并没有那么糟糕。事实上，这些孤独的奋斗者们的确没有感觉那么糟糕，至少他们主观上会觉得可以忍受。

小A就是这样的人，她的新生活给她带来了自由，她有了自己的朋友圈子和兴趣爱好，她的生活在工作和业余爱好之间娴熟地切换着，似乎没有时间去思考孤独。这样的生活持续了几年，当初出茅庐的新鲜感褪去时，事业和生活的瓶颈接踵而至，她开始失眠了。

失眠的夜里，她意识到自己其实没有人可以依靠。虽然远方有个家，但是每次在电话里听到母亲的唠叨和催促时，她就会有种强烈的抗拒感。她好不容易争取到了自由，虽然代价是孤独，可无论如何也比回到母亲身边去好。

小T有着不少男生都有的兴趣爱好，比如摄影和电子游戏。作为一个男生，他在这个大城市里交朋友并不是很容易，有两三个通过爱好结识的朋友，可是男生之间除了聊彼此的爱好，也不会有太多深入的话题。

母亲的强势使他养成了温和而善于取悦别人的性格，但是这种能让母子关系保持亲近的方式，在社会上却使他常被人冷落和轻视。在朋友和同事眼里他被定义成一个老好人，一个永远都能帮助别人，但是看上去不那么需要别人帮助的人。

经济基础决定上层建筑，小A和小T也许已经不再需要为经济基础而疲于奔命，可是他们从未想过真正的挑战在于物质需求得到满足之后的精神需求。除了温饱之外，人们还需要一些情感上的满足，希望被爱、被理解、被重视。尤其是原生家庭不那么完美的人，由于无法从父母那里获得情感的满足，便只能暂时忍耐，期望成年之后可以自己去获得。

钱挣够了，小A和小T才发现钱买不来爱。于是他们好像都突然失去了动力，没了希望。因为不管有多少钱，自己似乎还是那种缺爱、等爱的状态。

后现代的都市生活

我们生活的时代，价值观、审美观和生活方式，都不再像过去那样千人一面了。我们有机会接触到不同的人和不同的想法，也逐渐开始明白生活有多种可能性，很多事情也没有绝对的对错之分。

对于小A来说，母亲为她描绘的那种相夫教子的生活蓝图，被她认为是小地方的狭隘思维。她拒绝了家里安排介绍的同在上海有望回老家结婚的同乡，她想凭借自己的力量在这个陌生的大城市趟出属于自己的一条路来。

可是她并不知道自己确切的方向在哪里，因此她读了很多书，听了很多观点，可她发现每个专家似乎都有自己的说法。曾有一次在书店里，面对一书架的情感励志作品，她徘徊十多分钟却无从选择，那种不知所措的感觉让她一瞬间很想回家，很想逃走。

小T则告诉我，让他最失望的是自己的根没了。他从小到大辗转于五六个城市，每到一处都要开始新的生活，开拓新的朋友圈子。可是如今回头去看，发现自己和谁都没那么亲近。儿时的好友，再交往起来，也会让他感到大城市和小地方的人在观念上存在着巨大差异。

他不喜欢北方人粗犷的性格，更欣赏守规矩的江浙人，然而和本地朋友在一起，却无法真正融入。他的根，本来可以是他的家庭，可是他无法想象和父母重新共处一城的感觉，他说他相信距离产生美。

失望、孤独、失落、隔离、焦虑和迷茫，这是后现代主义都市生活的集体特征。传统不再值得信任，经验不再可靠，任何事情可能成功，也可能失败。而当家庭这个最原始的港湾也无法停靠时，小A和小T这样的年轻人，就可能面临着长久的孤独。

小A说她很想结婚，不为别的，只是觉得如果有了下一代，生活似乎就有了努力的方向。可还有太多的问题需要担忧和考虑，她说不知道该怎样坚持下去。

小T似乎也没有更好的办法找到生活的方向。对他来说，婚姻只能暂时让他不去考虑生活的意义，让他短时间之内把精力投入到满足家庭的经济需求上，可是他不知道之后会怎么样，他很想先弄清楚。

心理咨询是渡人自渡的工作，我在这两位朋友身上也看到了自己的影子。在一个人的奋斗中，持续地寻找坚持下去的意义和自己存在的价值，孤独的心灵可以由此获得理解和支持，曾经缺失的爱也可以在自己的努力下得到补偿。这些问题想必萦绕在每个孤独的都市人的心头。

小A离开咨询室时，我习惯性地告知她，以后如果有问题需要咨询，可以随时联系我，我会很乐意相助。她说："好的，谢谢你的聆听。"她脸上的笑容很疲惫，但是眼神却依然有光彩，"生活还是要继续"。

你的单身焦虑感

为什么有的人说到自己单身，会不自觉地产生焦虑和紧张的感觉？为什么看到别人成双结对，就会感到不甘心、不愉快？让我们从心理的基本需求，来解释单身焦虑的来源，从而更了解自我。

如果你把一只老鼠关进笼子里，对它进行轻微的电击，它会拼命地想要逃出笼子。但笼子被牢牢锁住，那么过不了多久，老鼠就会无可奈何地放弃挣扎。因为它知道无法掌控自己的命运。如果这时你再把这只听天由命的老鼠扔进水里，那么相比于没经历过电击的普通老鼠，它会更快放弃挣扎，然后被淹死。

这是约翰·霍普金斯大学的心理学家进行的一组著名的实验，这组实验向我们揭示了一个关于动物以及人类的重要道理：我们对自己和环境需要有掌控感，这种掌控感有助于我们的生存。当我们感到自己多多少少可以掌控周遭的事物时，会变得更乐观，更有信心，更开心，也更有动力。反之，则会变得抑郁，消沉，被动，也更容易生病甚至死亡。

人们时刻需要掌控感，因为这是我们赖以生存的心理机制之一。从这个角度，我们可以把单身人群的焦虑和不开心分成内外两层。在外层，失落感来自看到他人的甜蜜幸福时，心里产生的对比和不平衡，而在内层，让人真正焦虑的则是源于始终完成不了一件看似简单的事情而带来的挫败感与失望。

如何面对缺乏掌控感而产生的焦虑，成为问题的关键。有的人会像前面实验中的小老鼠一样，破罐子破摔，自暴自弃，被情绪打败。为了克服这种情绪，很多人喜欢把原因归结于外在条件，比如“还没有遇到对的人”“好男人太少”“没有眼缘”等等。这样的自我说服，是将不可控因素和自己的掌控感剥离，以备在失望时可以保留些许信心。

但是这样的思维方式，反而是在进一步剥夺你的掌控感，因为这是将问题归结于概率、运气，你会越发感到无能为力。这种方式只能带来一时的心理安慰，但是久而久之你会承受更多心理负担。随着年龄增大，概率看似越来越小，焦虑的情绪自然会越来越多。当你焦虑的时候，又会进一步将此归结于概率或者运气，从而进入一个自我溃败的死循环。

但幸运的是，人和动物的区别在于人懂得自省。要解决这样的问题，我将从增强掌控感的角度，为大家提供两种策略：

增加对脱单问题的掌控感

我们要解决一个问题，必须先对问题有清晰的认识。某件事情看上去难以掌控，往往因为你对它的了解和思考还不到位。认真思考下面的问题，也许有助于你增加掌控感。

• 你长期单身，找不到伴侣，是因为哪些心理或情感障碍？你做过哪些尝试去消除这些障碍？

• 你认识异性的渠道足够多吗？是否还有未尝试的渠道？

• 社交中的能力和意识，你是否还有提升的可能？

• 你希望给人留下怎样的印象？你目前的社交方式可以传递这种印象吗？

• 你对自己在两性交往中的表现满意吗？你认为自己还可以做得更好吗？

• 什么样的人是你理想的伴侣类型？你如何识别这样的人？

• 你希望与未来的伴侣以怎样的方式相处？这会给你带来什么？

以上这些问题都是许多在感情中有心无力的人很少思考或者无法回答的。这些问题看上去不太好回答，但因此放弃，才是你的焦虑感产生的真正来源。要改善这种状况，我建议你将这些问题一条一条地解答，哪怕花一个星期、一个月的时间，可以请教周围的人，上网搜集资料，参加各种培训课程。

你完全可以将每个问题作为一个月度课题来思考，一段时间下来，你会对所有的问题都有了初步的答案，那时的你不仅不会再焦虑，反而非常清楚自己应该做什么。我认识不少快乐的单身者，他们并不为单身焦虑，因为他们对这些问题把握得很好，可以自如地选择自己的生活方式，这才是真正的快乐。

增加对自己生活的总体掌控感

也许你一直在努力，但有些外界因素确实会让人无法战胜。这种时候你可以通过增强对生活其他方面的掌控感来补偿自己在感情上的无力感。不少大龄男女由于各种原因，年近三十还和父母住在一起，在我看来，这样的生活其实对掌控感也有很大影响，因为你的饮食作息、娱乐起居等很多事情都要被家人的节奏所影响。生活上缺乏独立，加之感情上不顺利，还有来自家人的压力，这一切会让你对生活越发感到无法把控。

那么，你需要看看你是否因缺乏对于生活中的各个方面的掌控感而焦虑。生活起居、经济收入、交通出行、休闲娱乐、朋友圈子、社交互动、兴趣爱好、情感、工作事业、精神生活、人生方向等等，有哪些是你可以完全由自己做主，哪些是经常需要听从别人的，哪些又是你可以争取进一步掌控的？

如果你在生活的很多方面都缺乏自主，受他人牵制，那么当感情的压力来临时，你只能感到压力倍增。而当你习惯了一切由自己决定并承担的时候，感情问题对你来说可能只是生活中的一件事而已。

希望每个人都可以更少抱怨、更多行动，因为只有当你行动起来时，才能够掌控局面，也会更有信心、更快乐。

没有“对的人”，只有“对的关系”

怎样知道他（她）是不是那个对的人？我们想方设法旁敲侧击，想要了解对方的家庭背景，对其童年经历和情史刨根问底，研究双方的星座、血型、生辰八字，甚至设计出“我和你妈同时掉进水里，你先救谁”这样的测试题。可是就算知道了所有问题的答案，你就真的可以信心满满地投入一段感情了吗？

“是否是对的人”这个问题，为什么难以解答，其实源自一个大多数人都存在的误区——你问错了问题。

我的一个学员最近纠结于是否要和一个男生交往，两人认识很久了，中学时代开始有交集，有很多共同的朋友，对方的工作和背景也让她很满意。这段关系看似已经具备了理想的条件，可是她依然心存犹豫，总觉得缺了点什么。

我们在寻找伴侣时，心里大多会有一个静态的理想形象。这种情况下我们会更倾向于用过去的视角来判断对方是否达标。比如“中学时代有交集”“有共同的朋友”“认识很久”“条件背景相似”等等，描述的都是过去已经发生的事情。

这样的判断方式存在两个问题。第一，理想的标准变得不切实际。这种理想对象是接近完美的，可是完美的人存在吗？你能遇到的概率有多大？即使遇到，你有信心能够拿下吗？

第二，两个人在一起是否幸福，能否走得顺利，这都是关乎未来的事情。用过去的眼光判断未来，爱情就成了一种宿命论的选择，决定关系走向的条件就成了不可改变的。事实上人是在不断成长和变化的，所以必然会出现无法调和的矛盾。

我们都希望自己获得幸福，所以即使“是否是对的人”这种判断方式给我们带来压力和疑惑，也不得不硬着头皮继续寻找。我理解这种心情，婚恋的决定关乎一生的幸福，谁愿意有半点妥协呢？但是方法错了，再多努力都没用。过去的视角是无法帮我们预测未来的，害怕受伤害的人却又竭尽全力想要预测未来，结果就是我们一直在找对的人，但这种寻找可能永远都没有结果。

爱情是自由的，充满活力的，也是关乎未来的，它为生活创造无限的可能性，让人生变得丰富多彩。我们对爱情最美好的期待：幸福、亲密、美满，都是关于未来的，是需要去创造的。我们明天会一起做什么，和我们昨天做了什么没有必然的联系，所以用过去的语言去探讨未来的生活，用静态的条件描述去勾勒千变万化的未来，自然会令人感到困惑不解，进而做出很多错误的决定。

对的关系

该怎么办？首先，我们得换种语言，寻找伴侣的时候不要说“对的人”，要说“对的关系”。“对的人”强调的是这个人的固有属性，而描述这些属性使用的就是过去的语言。这会让“对”或“不对”看上去都是对方的责任，而忽略了自己促成“对”的责任与义务。

当我们说“对的关系”时，强调的就是两个人在一起之后，这段关系中产生的、被爱情滋养出来的东西。有些人原本脾气不好，但是对待恋人很温柔；有些人容易缺乏安全感，但是两人在一起后很用心地去克服；有些人不懂得表达情感，但是为了对方努力地学习。人与人相处，总会相互影响。如果两个人因为彼此的存在，都变得更好了，把彼此性格里好的一面带出来了，这就是对的关系。

约会相亲的目的是什么？回答“了解彼此”的人，依然在使用过去的语言。聊天对话时刨根问底，然后给对方贴上各种各样的标签，这绝不是对的关系的起点。没有人愿意接受一个喜欢品头论足、指手画脚的人成为自己最亲密的伴侣。

相爱就是要共同创造一个未来，谈恋爱就是要试试看两个人的互动能够创造出什么。如果你们的关系能够为彼此带来积极的变化和成长，那么我认为这段关系很有可能是对的，而且你们多半无须思考就会相爱。相反，如果一段关系不仅没有带来成长和进步，反而让彼此的性格和相处模式变得不健康，那么无论两个人看起来多么匹配，都注定要失败。

在对的关系中成长

对的关系会陪伴、启发和鼓励你成长。在爱的影响下，你会有足够的勇气去面对那些曾经不敢面对的问题。一个在乎并且了解你的伴侣，可以成为你自我探索和成长之路上的良师益友。你们能够因为观念和思维方式的匹配而良好沟通。因为有足够的意愿去亲近和信任对方，所以遇到矛盾冲突都会积极面对。你不会在对的关系中感到力不从心或孤独，因为遇到任何事都会获得对方的支持。

在对的关系中，你们可以共同经历挑战与波折，同时还能增加彼此之间的信任、默契和亲密感。

每个人都会带着疑惑、不安和不确定走入一段感情，对的关系不会要求你立刻坚信，而是让你逐渐变得虔诚。对的关系不需通过说服辩论来消除你的疑虑，而会用行为、体验和经历来抚平内心的起伏。

两个人的过去都是不可改变的，和他（她）在一起，看到的不是过去有多少重叠或匹配的方面，而是未来可以一起创造怎样的美好。不经意间你就会发现，这个能和你一起创造未来的伴侣，就是那个对的人。

你的择偶标准达到标准了吗?

“寻觅一位工作稳定、有责任心、有婚房的男士，身高 175cm 以上，身材匀称，长相对得起观众。”

“寻觅一名相貌良好、身材匀称、性格温柔体贴、会做家务的女士，身高 160~165cm，体重不超过 50 公斤。”

单身者在择偶过程中都能列出一堆要求来，从外形到内在，从经济实力到家庭背景。假设你很清楚自己想要找什么样的人，通过条件搜索和各种渠道遇到了这样一个人，那么问题应该就解决了。可是为什么还有那么多人单身？因为你其实并不清楚自己的标准，或者说你没有区分择偶中的基础标准和理想标准。

你会发现，网上搜索或亲戚介绍的时候，对方的各项标准都满足你的要求，但是见面之后发现两个人并不来电，甚至对方让你想要逃离。按理说照片也看过了，条件也审核过了，为何就是屡见屡败？前面列出的两条择偶标准是单身人群中最常见的条件，任何人看到这两条标准都会觉得自己也想找这样的：性格好，外形好，有经济实力。但在我看来，这恰恰就是你依然单身的原因：你列出的要求和所有人一样！

为什么所有人都会认可这些标准，因为这是通常意义上的最低标准，低于这个标准的人，基本上不会被人接受（工作不稳定，没责任心，太高，太矮，太胖，太彪悍，等等）。满足这些标准的人，才具备发展为恋人的可能性，但是从可能性到恋爱关系，需要更多的推动力，这就是理想标准存在的意义了。

基础标准让你不讨厌一个人，让你喜欢他；而理想标准让你爱上一个人，想要和他相伴终生。谁都喜欢一个性格温柔体贴的人，但是或许在所有温柔体贴的人里面，你只会爱上低调谦逊但富有洞察力和长远规划的那一小部分人。又或者你希望找个有房、有车、工作稳定的人，但是真正让你怦然心动的可能是一个喜欢烹饪、孩子和宠物，对任何人都充满爱心的人。

一边期望着美好的爱情，同时又按照最低标准去寻找，你当然会一次又一次失望。而理想标准强调的是，每个人的爱情理想是被自己的独特人生阅历定义的，所以理想标准衡量的是以往的经历带来的情感体验。

你曾经爱上什么样的人？你会被什么样的品质打动？你愿意和什么样的人亲近？什么样的人在你眼里会显得与众不同？当他做什么事情时会让你产生莫名的爱慕之情？你对这些问题的答案，才应该是你择偶的理想标准。

要回答上面的问题，你可能需要足够多的感情经历。如果没有，可以看看周围的异性甚至同性朋友身上哪些品质让你十分喜爱，你父母的相处方式中有哪些行为让你特别感动或感觉温暖，以及你周围的哪些人给你带来的影响最深刻。

需要注意的是，在制定理想标准时应该尽量详细、具体一些。比如你喜欢非常体贴的女孩，那么就细化到女孩为你做什么事情会让你觉得她很体贴。你爱慕有男人气概的男性，就在心里或者用文字描绘一下，一个男人在什么情况下说什么话、做什么事会让你觉得他很有男人味。如果你可以勾勒出这些具体的画面，不妨把它们列入你的择偶标准里面，不用担心标准显得冗长，因为当异性看到这些的时候会真切地理解你的需要。

说到这里，你可以重新审视一下自己填写在相亲网站上面的择偶标准，是不是发现曾经的内容都太苍白无力了？需要注意的是，我强调按照理想标准去择偶，并不是要让你放弃基础标准。这就好比给一个员工再多的创造空间，他也还是需要先拿到足够的薪水养活自己。

恭喜，你离真爱又近了一步！

第5章　让自我与世界紧密相连

善解人意是这样做到的

常有朋友问我，做咨询师要听那么多故事，不会很辛苦吗？我说不会，因为我能理解我的来访者。可是每个人的故事都不一样，真的可以理解每一个人吗？我认为善解人意并没有那么难，只要你找到合适的角度。

加拿大的一位同行和我讲过他的一段咨询经历：

他曾有一个来访者是个新移民单亲妈妈，独自抚养4个孩子，在加拿大过着靠低保救济的生活，因为精神压力过大，所以求助于他所在的机构。来访者进了办公室后发现社工是男性，于是表现得很不满。这位同行问她怎么了，她反问："你多大？你结婚了吗？你有过小孩吗？"

我那位可怜的同行，30多岁，未婚，也没有孩子。来访者说："你都没有经历过婚姻、家庭和生育，而我被家暴过，我有4个孩子要抚养，你怎么能够理解我的经历？又怎么能够帮助我？"

我的那位同行看着她的眼睛真诚地说道："你说得没错，我的确没结过婚，也没有养育过孩子，更没有你的生活经历。可是我也有过很痛苦的时刻，我感受过绝望，体会过身心疲惫的感觉，也担负过难以承受的责任和压力。我无法知道你的生活是怎么样的，但是我可以感受到你现在的心情。”

这样的回复成功地回应了来访者需要被理解，并充分信任咨询师的需求，同时也很好地演示了人与人之间如何进行最初的沟通和理解。

人与人之间产生共鸣，才能够更深刻地理解彼此。而每个人的经历、身世和处境又不尽相同，怎样才能产生共鸣呢？答案就是：情感。

每个人都会有伤心、悲痛、抑郁、愤怒、焦虑、后悔、羞耻、兴奋、开心、惊讶等情绪。我们或许无法完全理解他人的世界，但通过聆听一个人的故事，便可以非常清楚地感受到对方的心情。咨询师在工作和生活中要面对各种各样的人，感受对方的心情就是我们理解每一位来访者的方式。理解不只是对事情、看法、价值观的知晓，更是对一个人情绪、情感的感同身受。很多时候我们感到难以理解别人，是因为我们过于注重找到那些我们熟悉的、认同的观点、角度、想法和认识，而忽略了在每一个灵魂深处，情感的共鸣才是最亲密、最真挚的体验。

其实我们天生就是善解人意的。认知神经科学研究发现，我们的大脑中存在着镜像神经元，这些神经元会在我们进行某些行为或者观察他人同样的行为时被触发。比如，这些镜像神经元会在我们哭泣时和看到他人哭泣时产生同样的触发反应。

这种将他人的情绪体验在自身大脑中进行镜像模拟的能力，被认为是人类同理心的神经学基础。这也意味着，人的观念和态度会因自身的阅历或者受教育程度而不同，但对于他人情绪体验的理解，在相当程度上则是本能的反应。

根据这个理论，我们不难得出亲密关系中的相处之道：要把人视为情感动物。恋爱中的两个人会有各自的价值观和需求，但是渴望亲密和被爱的情感是一样的。父母和子女之间，一方负有教育的责任，另一方负有不辜负期望的压力，所以大家的焦虑感是相似的。

在沟通和化解矛盾的过程中，少一些对言语和措辞的计较，多一些对言行背后隐藏的感情的体会，你会发现自己变得容易理解对方了。

让内向的人消除交流障碍

我曾一直认为自己性格内向，觉得别说和陌生人对话了，即便是和自己熟悉的人交流，都是很困难的。由性格内向导致的社交恐惧可能给我们的生活带来诸多限制，但如果能够从能力技巧的角度来分解内向，我们就可以更清晰地理解问题，从而找到消除障碍的方法。

一般来说，内向的人会有这三类问题：

不知道该说什么

对交流感到恐惧是因为不知道该说什么。如果我给你一张调查问卷，你拿去对陌生人进行访谈，你会发现交流会轻松不少，因为这个过程很有逻辑性、条理性。我们不是害怕说话本身，而是不知道如何继续对话和避免冷场。这意味着如果掌握足够丰富的话术和表达技巧，你将会对交流越来越有自信。这一点其实和我们学英语时随着词汇量增加而越来越敢同外国人对话的道理类似。

缺乏经验

交流经验越丰富，越能预测接下来会发生什么，甚至能预测对方会说些什么，也就越能适应人际交往带来的情绪反应，并把握对话走向和对方对你的印象。社交经验还能在许多突发状况下帮我们判断怎样的反应方式是最合适的，从而让我们对自己的表现更有自信。

目的不清晰

我们和每个人进行对话，都是有目的的。即便是闲聊，也希望通过交谈和对方拉近关系，或者让彼此放松心情。害怕与陌生人对话，也是因为感到对话不会带来任何好处，所以不敢鼓起勇气，无法通过社交获得成就感和满足感。

针对这些问题，我建议你可以尝试下面几个应对方法：

（1）罗列常见话题，熟记这些问题以及自己的答案。刚开始尝试消除恐惧感的时候，可以直接把问题和自己的答案背诵出来，虽然会显得有些生硬，但是至少能够保证对话相对顺利地进行，建立起初步的信心。

（2）搜集一些有趣的话题常备心中，积累得越多，越不惧怕冷场。准备一些比较能够打开对话场面的话题，以便在交谈卡壳的时候信手拈来，有助于增强自信心。如果不知道该准备哪些话题，你可以多观察身边善于社交的人经常用到的话题。

（3）做一份需要和陌生人打交道的工作。我大学时代做过一份上门推销的工作，到 100 多户的公寓楼里挨家敲门，打招呼套近乎然后推销产品。一开始紧张得全身是汗，可是一段时间之后发现自己在与陌生人对话时完全没有恐惧感了。这样的工作能迫使你去积累经验，克服恐惧。

如果没有条件另外找工作，也可以考虑做兼职或义工，甚至自己创造机会。我有些朋友下班后在大街上摆地摊卖耳环，他们不仅变得能说会道，而且特别善于观察人，把来买耳环的女孩和情侣们的心理分析得头头是道。

（4）和他人对话时，多关注对方在说什么，少关注自己想表达什么。对方讲得越多，你便越有时间思考和做出反应。很多人害怕和陌生人说话的原因是怕自己说错话让别人不喜欢，这种恐惧会让你要么不敢开口，要么变得滔滔不绝。可是当对话中更多的是别人在表达，你偶尔提问和鼓励对方表述时，你就不会担心这个问题，而且会让人觉得你是个很好的聆听者。

（5）带着明确的目的进入对话。比如和陌生人对话时，你为自己设定的目标是全面了解这个人。那么在对话过程中，你的所有心思就都放在了解这个人上面，不要担心其他问题，也不要说不相关的话。不要觉得对话有目的性是不好的，换位思考下，你会喜欢在一个漫无目的瞎聊的人身上浪费太多时间吗？

（6）克服在公众场合说话的恐惧情绪，如果有条件可以去参加辩论社、公众演讲活动，做主持人，做助教等。其实每个人都可以做到这些，因为人的可塑性比我们想象的要强得多。

人性有很多弱点，害怕与人交往在我看来是相对容易克服的问题，就好像减肥一样，看上去很困难，但只要按照一定的方法进行尝试，假以时日必然可以看到明显的效果。

心理咨询师靠这三个问题洞察人心

“你是学心理学的？”“是的，而且我知道你接下来想问我是不是能看穿你的心思。”“哈哈，是的。”“我还知道你也对心理学感兴趣，并且曾经想要学心理学。”“是的！你怎么知道？太厉害了！”

这看上去像个段子，但其实是我在生活中经常遇到的场景。

每个人都想拥有读心术一般的能力，想要看穿别人的内心。在大家的心目中，心理咨询师似乎是特别善于做这件事的人。许多人会把咨询师视作魔术师一样的人，可是作为内行，我可以很负责地告诉你：读心术是不存在的。

真正让咨询师能够“洞察人心”的，是他们看待问题的角度。这些角度来自专业的学习。当他们带着这些角度去和很多人接触之后，就会逐渐形成对人性的深刻理解，从而帮助人们从全新的角度去理解和看待自己。被看穿内心的那种神奇的感觉，或许就来自在咨询师引导之下所体验到的自我认知的扩展。

下面就和大家分享三个在咨询中很常用的问题，这些问题其实很简单，只是很多时候“碰巧”不被心理咨询领域之外的人所了解。不管你是希望找到问题的突破点，去理解和点醒他人，还是促进沟通，维护人际关系，这些问题都有助于你拓宽理解问题的角度。（下文所有来访者的故事皆为虚构，并非来自任何来访者的实际经历。）

这样做的价值是什么？

很多人会问我：“做咨询师是不是比较容易发疯？”其实我的体验是，做这一行越久，越觉得疯狂和正常之间的界限很模糊，或者说越能理解那些所谓的“疯狂”。因为人的任何行为，无论多么疯狂，多么不合时宜，多么有悖常理和社会准则，其实都源自一些非常合理的心理动机。很多时候疯狂本身并没有什么大不了，只是我们会因为自己看上去疯狂而感到痛苦。

有一次做咨询工作培训时，我和一位同行进行角色扮演，模拟了我对一位精神分裂症患者的干预过程。这位患者花了很长时间向我描述她想象出来的自我伤害和伤害他人的血腥场景，使得旁边观看的其他同行不停地倒吸凉气。我听她讲完之后，很平静地回应道：“你讲的这些故事很吓人，但是一定给你带来了某些感觉，所以即使你知道会吓到别人，却还是愿意一直讲，这样做给你带来了什么呢？这样做的价值是什么？”

她对这个问题的回答让我了解到，原来她从小一直被父母忽视和虐待，被周围人取笑和孤立，而每当她向别人宣称自己要做伤害人的事情时，就会获得来自家人朋友的很多关注。这种关注虽然很多时候是惩罚性、威胁性的，但至少也是一种关注。她说她喜欢看到身边的人惊恐的眼神，只有那样她才觉得自己是重要的，而不是一个别人看不见的透明人。接下来，我们探讨了很多关于如何获得他人关注和重视的问题。虽然只是一个角色扮演游戏，但与我演对手戏的同行事后告诉我，她感觉到了来自我的理解和尊重，被我的包容所打动。

生活中我们也会遇到很多“不正常”的事情，尤其是那些让我们感到羞耻、内疚、自责或者后悔的事情。当这些事情成为心理负担，让人感到痛苦的时候，问问自己“这样做的价值是什么”，往往可以让你找到新的理解角度，同时也能够获得宽恕和接纳。

同样，当我们去了解他人的心思时，如果关注他做这件事情的价值和意义，而不仅仅是关注对错，会更容易进入他的内心，从而知道是对什么的渴望让他愿意以冒险的方式去表达。肤浅的人关注对错、评论是非，深刻的人关注内心的动机和渴望。

你的角色是什么？

在伴侣关系的咨询中，一种经典的情形就是两人闹矛盾，女方情绪激动地要求沟通和对话，男方则一直采取回避的态度。我的一位咨询者L女士就遇到了这样的情况，她对两人关系的问题非常苦恼，并向我罗列了在相处中男方的诸多问题。比如，不善于表达情感，遇到矛盾总是沉默，在关系恶化之后经常很晚回家等。

她利用出色的表达能力，为我描绘了一幅“我一直在努力，他一直在逃避”的画面，让我很想和她一起去谴责那个可怜的男人。可是我忍住了这种想法，而是转过来问了她一个问题：“你告诉我你先生不愿意和你沟通，不表达情感，因为他是个情感上很封闭的人。不过我在想，在你们的关系中他会有这样的状态，你扮演的角色是什么呢？你自己的态度和表达方式起到了怎样的作用呢？”

这个问题让她沉默了好一阵儿，然后我们就她在关系中的表现进行了深入的探讨，这帮助她意识到，其实她自己也不知道要怎样表达情感，更不知道怎样去支持和鼓励自己的伴侣敞开心扉。她暴躁的脾气和简单粗暴的沟通方式，在很大程度上强化了对方不敢表达的倾向。

当出现矛盾时，我们很容易去挑剔和指责别人，却很少意识到所有人际关系问题的产生，都和我们自己处理问题的方式紧密相关。当你不满对方的某些行为时，你自己充满抱怨的反应是在强化这些行为，还是在鼓励他做出改变？当得不到对方的回应或配合时，你是否反思过自己的沟通方式？我们不能期望改变别人，但可以反思自己扮演的角色如何推动他人变成了现在的样子。

你能想象到的最好的情况是怎样的？

咨询师同行把这类问题叫作“奇迹问题”，它能够帮助我们撇开当下，去了解一个人最真挚的渴望和需要，或者在一个人思维混乱的时候帮他重新梳理。在生活中，当我们和他人争吵不休甚至已经忘了争吵的原因，或者面对选择找不到方向的时候，都可以试着用这个问题去理清自己的思路。

有一次我和一个陷在糟糕情感关系中走不出来的朋友聊天，她向我罗列了双方关系中一大堆好与不好的地方，然后告诉我，她已经纠结很长时间了，始终得不到答案。于是我问她：“你能想象到的最好的关系是怎样的？”她沉默了一阵，然后说了一句：“我觉得我想明白了。”之前曾执着于算计和比较的她，通过这个问题重新建立了对情感的理想追求。

我们不知道自己想要什么，是因为有太多担心和顾虑，眼前的问题阻碍了我们看清自己的方向。和奇迹问题相似的一类问题是时间轴问题，比如“明年这个时候，你会是怎样的？”“快进到你不久于人世的时候，回头看今天会觉得怎么样？”等。这些问题无非是让我们暂时绕过眼前的障碍，去站在终点考虑我们希望怎样出发。

并不是每个人都会接受心理咨询，但我认为这些常见的问题值得和每一个愿意认真对待自己生活的朋友分享。这些未必能让你一眼看穿什么，但是如果你能在面对生活中的问题时暂缓得出结论，多找几个角度，多提几个有助于思考的问题，这样的习惯会让你越来越有信心面对未来。

怎样变成一个有趣的人？

有趣其实是一个很主观的评价，取决于每个人的审美、志趣和生活方式等。不过有趣的人又有一些共性，而且变得有趣是一件需要认真思考和规划的事情，希望我对这些共性的总结能给你带来启发。

越多元越有趣

我见过不少想变得有趣的人，把所有精力投入某一项爱好中去，比如跑步、健身、吉他、摄影。因为想要变得有趣，想要获得别人的认可，或者钻研事物本身会让人上瘾，他们最后变成了只知道谈论自己唯一爱好的无聊人士。这样的人在有共同爱好的人群中如鱼得水，但是一旦进入更广泛的社交场合，就很难让人感觉有趣。

一个有趣的人身上，往往是多个身份或者角色并存。我最早发现这一点，是源于中学时代遇到的一个英国男孩，他既是国际数学奥林匹克竞赛的奖牌得主，又是出过唱片的摇滚乐队成员。这样看似毫不相关的两种身份，让我对他无比佩服和好奇，也让我明白了怎样才是有趣的人。

拥有多种志趣或特长的两个人，在钻研和磨炼彼此兴趣爱好的过程中也能够相互启发。做一个斜杠青年的好处是可以在不同事物间触类旁通，可以用一个领域的方法去解决另一个领域的问题。与此同时你也能结识其他个性和风格迥异的人，丰富你对世界和人的认识。

当我选择泰拳和哈雷机车作为我的爱好时，就跳出了典型的心理咨询师形象。这种人物设定上的矛盾性，可以看作是有趣的典型特征之一。

发现激情

请注意，我这里说的不是兴趣，而是激情。现在你在大街上随便找一个人问他有什么兴趣爱好，他大概都能说出读书、听音乐、看电影、旅行这些普通的事情。有人说，兴趣是最好的老师，我觉得兴趣顶多是个助教。因为兴趣只能让你在一件事情上有适当的投入，但不足以做到深入地钻研和坚持，一旦遇到困难或者其他诱惑，你很可能会放弃。

真正对自己的事业或爱好充满激情的人，在谈论自己所热衷的事情时，双眼是会发光的。如果你仅仅是对某件事情感兴趣，有可能是因为这件事看上去有趣。而如果你对某件事情充满激情，那一定是因为你从这件事情中找到了某些关于自我成长和存在意义的东西。因此，激情可以把你与这件事情的关系从浅尝辄止深化到持久共存。

所以，不要仅凭兴趣，而要充满激情！我在高中时期做了第一件让我变得有趣的事情。那时我特别喜欢听重金属和摇滚乐，而且喜欢一边听一边双手打鼓点，拿筷子敲饭盒，拿笔敲文具盒，几乎处于痴迷状态。我同桌对我说我该去做鼓手。其实他是用讽刺的口吻说这句话的，因为我打扰到他了，但是我当时的反应是“对哦，我是该去做鼓手”，所以我就跑回家去求父母给我买一套架子鼓。

怎样知道你对一件事情有激情？你每天早上醒来和晚上临睡前都会忍不住去想、去做的，就是让你充满激情的事情。

说干就干

说干就干，不要等“更合适”的时间去实现你的激情。

我经常听到别人说“等我下半年工作不忙了就去学 × ×”，“等我过一阵辞职了就去做 × ×”。这都是导致你变得无聊的罪魁祸首。如果连开始一件事情都缺少决断力，那么之后一旦遇到困难或者冲突，必然会很快选择放弃。

所以，如果你已经发现自己的激情所在，想要去做一件事情，那么现在就开始！因为从你着手去做到你变得有趣，还需要很长一段时间的积累。不要害怕开始，因为一开始你并不需要很快做出多么大的成就来，成就只是有趣的充分不必要条件。

尝试也是一种验证的过程。有时我们的激情也可能并不靠谱，尝试之后你会渐渐感到失望。或者随着人的不断成长，热衷的事物也会有所变化。我认为重点不在于一成不变地坚持，而在于对不同事物的探索尝试，以及助推自我认知和自我成长。

重视体验与成长

有趣最直接的价值，是让我们在人际交往中可以聊出更多有趣的观点。即使你的爱好是跑步这种看似普通的运动，但如果能对跑步中的自我对话有深刻体验，也能给你的有趣程度加分不少。所以，无论你做任何事，关注过程中的体验与个人成长都是十分值得的。

对自己所做的事情有深刻理解，也能够帮助你理解其他人热衷的事物。因为大家的选择虽然不同，但过程中的体验和感受往往类似。为什么许多人觉得研究心理学的人有趣，就是因为这个学科可以让你对各行各业的人都产生共鸣和洞见。

我们生活的世界正变得越来越多元化，我们对自己的定位也应该更丰富立体一些。有趣的人懂得将成长中的必然性与人生中的不确定性结合在一起，这样的你无须刻意坚持，也能变得越来越有趣。很多时候定义一个人有趣的程度，不是那些我们偶尔去做或者希望去做的事情，而是那些一直坚持的、最经常做的事情。

总之，一个有趣的人，必然有着多元的角色和爱好，能够对自己所做的事情充满热情，身体力行，而且不断认真钻研。如果你觉得自己什么都不会，那么请记住，只要你愿意在当下做出选择并坚持，那么若干年后你也可以骄傲地宣布："看，我变得有趣了很多！"

戴面具还是做自己？

有人问：如果大家喜欢你装出来的样子，是要继续装下去还是做回自己？

我一直不觉得人的社会性格分为外在的面具和内在的真实自我。这种理解方式实际上阻碍了我们更好地了解自己。当我们区分面具和真我的时候，似乎就是在假设面具是虚伪的、不受我们控制的、不得已而为之的，而真我就是自由的、纯真的、忠于内心的。但人性远比这样的二元对立要复杂。

首先，我不认为人的性格只有两面，我更愿意认为我们和不同的人在一起，在不同的情况下，会需要不同的表现。如果你发现自己只有两种表现，要么张扬，要么沉默，这或许是因为你的人际交往能力比较有限，通过强化一种模式而去掩饰某一方面的不足。而生活中要应对的情况和关系显然复杂得多，为了适应这种复杂性，我们理应发展出比较完善和多样化的社会性格。

提出这个问题的人，可能年纪较小，阅历尚浅，所以还不能很好地把握人际关系的界限。我们和任何人交往，都需要一定程度的坦诚，只是坦诚的方面会有所不同。比如，当我和同行交流的时候，在学术上我会非常坦诚，但是不代表我需要同时把自己个人的一面表露出来。当我和亲密好友对话时，会在情感上有更多坦诚的表露，但是我相信好友对我在思想和学术上的思考不会有特别大的兴趣。

所以对于如何与人相处的问题，我鼓励你从问“戴面具还是做自己”，慢慢演变到问“我是否擅长洞察和适应不同的人际关系环境”。

其次，我们的性格之所以会有这样的“多样化设置”，是因为如果人的性格过于简单直白，只有一面，那么他和所有人的关系都会高度一致，而缺少疏远亲近之分。但在我们的日常生活当中，必须把所有的人际关系进行一定的划分，我们需要和某些人更近一些，和某些人更远一些，所以我们多面化的性格，其实成了一把极好的标尺。

与人交往时，我们会向所有人展现出外在的、容易被人接受的一面。这样的方式可以帮助我们和绝大多数人建立初步的关系。之后我们向比较喜欢和信任的人逐渐展露更深层的性格特点，结果发现有些人喜欢而有些人抗拒，这样其实就逐渐过滤掉了一些人。而随着这个过程不断进行，最终能够看到我们内在性格的人，也就成了我们生命中最为亲近和重要的伙伴。

“如果大家喜欢你装出来的样子，是要继续装下去还是做回自己？”这个问题里隐含了两个假设。第一个假设是：你能够判断大家是否喜欢你。第二个假设是：大家无法接受你真实的样子。

关于第一个假设，或许是因为你过多地把自己在群体中的表现和收到的反馈，作为评判他人如何对待自己的依据。是的，我们都知道在人群之中如何表现能够取悦所有人，可是当你进入一对一的交往和对话时，就会发现每个人的喜好其实是非常不同的，并不存在“大家都喜欢”的东西，反而有可能发现很多人也和你一样，对于自己装出来的样子感到疲惫、虚伪和无聊。

因此我总是鼓励有人际交往障碍的来访者在面对一群人的时候，不要把人群同质化，不要认为群体中的人都是完全一致的。你应该看到每个人为了被群体所接纳，都在一定程度上牺牲了自己的某些个性。

关于第二个假设，这或许说明你对于这个世界和他人有一些不信任，甚至敌对的态度。这样的态度是如何形成的，是基于现实体验，还是来自推测或想象，为什么你如此在意他人的认同，值得思考。

再往下推一步，为什么一定要让大家喜欢你？为什么要取悦所有人，而不是接受这个世界上有人喜欢你、有人讨厌你这个事实？这使得获得他人的认可，比感到被他人理解，对你来说似乎更加重要。而事实上，大多数人的认可和少部分人的理解，哪一个更能够让你感到满足呢？

最后，我个人对于这个问题的正面回答是：人生中的关系，不在于多，而在于精。我不需要刻意地伪装，来获得大量肤浅的、低质量的关系，而更愿意做一些自己喜欢的事情，来让那些无论如何都会喜欢我的人，早点在人群当中发现我。

第 6 章　与自己对话

分手是最宝贵的人生经历

失恋或许是一件非常痛苦的事情，但也可能是最宝贵、让你获得最多成长的经历。人一生中可能都会经历若干次失恋，有的人因此而变得更加成熟和自信，有的人则对亲密关系越发恐惧和抗拒。处理内心创伤时，如果不遵循一定的规律，则有可能留下永久的疤痕。所以，虽然失恋令人痛苦，但我依然鼓励你尽量理性地面对。

我有位朋友，分手初期非常热衷于交往新的异性，但是言语之间可以听出他依然非常受伤，所以在面对其他异性时，看上去很热情，其实暗藏着很多不信任和攻击性。这就是典型的情绪废墟没有清理干净，把对前任的敌意投射到了新认识的异性身上。他的行为恰恰让一位内心自卑、有强烈取悦倾向的女孩陷入其中。两人很快开始交往，但他们的关系却以一种非常不健康的方式维持，结果双方都受到了更大的伤害。

清理创伤

分手后的恢复期，分为清理、规划和重建三个阶段。在清理的阶段，你最大的任务就是给内心的伤口止血，抚平痛苦。你需要做所有有助于情绪恢复的事情，让自己重新快乐起来，或者至少让自己变得平静。给自己一点时间，耐心地恢复情绪，这个过程可能持续几个星期，甚至几个月。在此期间，你可以做任何事情，唯独不要用新的情感来过渡。

什么时候算是清理干净了？我的判断方式是：你不再害怕自己回首往事掉进悲伤的深渊时，基本上就算清理干净了。一个心智正常的人，在回忆起自己所失去的情感时都会感到难过，但是我们是否有足够的信心掌控自己的情绪，决定了我们接下来的恢复工作是否成功。

分手后还有一个常见的现象就是自责，习惯于被之前的伴侣指责，或在分手过程中曾遭遇伴侣的批判和攻击，都会加重自责的情绪，其实情感中没有绝对的是非对错。我推荐你思考以下三个问题来调整过于自责的情绪：

——你的自责会给对方带来什么好处？可以让他（她）规避哪些责任和代价？

——如果责任并不完全在于你，对方可能需要承担哪些责任，承认哪些自身的不足？

——即使错误在你，对方在这段关系中所扮演的角色，是在帮你纠错还是加速恶化？

反思爱情的位置

随着情绪的平复，你可以开始下一步的反思了，这将是你高速成长的一个阶段。我自己也曾经走过了规划和反思的阶段，重新审视和整理自己的生活。我的反思是通过一个非常重要的问题来实现的，这也是我经常在工作中问我的来访者们的问题：

假设你的一生有四件你最在乎的事情：事业、爱情、友情和个人成长，而你只有100分的精力，你将怎样分配这100分的精力，从而达到最满意的生活状态？

我期望的答案是：事业30%，爱情25%，友情15%，个人成长30%。

回顾一下之前的感情，那时的你又是怎样分配这100分精力的？

我的答案是：事业15%，爱情70%，友情5%，个人成长10%。

这让我意识到由于之前的感情消耗了自己太多的精力，从而忽略了其他一些本来对我很重要的事情。

恋爱中的人总说“你就是我的全部”，可是健康的可持续的关系需要两个人都达到最满意的状态。无论你的分配方式是怎样的，重点在于你需要尽量达到理想的分配平衡状态。

如果你的精力分配中，爱情占到了60%以上，我会鼓励你思考一下这样分配的风险和问题是什么。当你关注别人多于自己的时候，你能够用什么去爱对方？你对自己喜怒哀乐等情绪的掌控有几分？你又给自己的伴侣带来了多少压力？

失恋之所以有助于人成长，就是因为前后两种生活状态的对比，可以让我们认清自己到底想要什么样的人生。

找回自己

目标清晰之后，你也应该清楚自己需要做什么了。工作上可能要重新开始规划，要和朋友们有更多的来往，也需要逐步开始自己一直想做的事情。

这样的重建，关注的是个体和世界的关系。与此同时，我建议你花一定的精力在重建自我方面。糟糕的关系可能会破坏你与自己的关系，让你忽略自己的需求和感受，对自己产生不满情绪。

我们有可能因此而讨厌当下的自己，感到失望和绝望，也有可能对自己做出负面的评价，但是失恋后的重建，最大的意义在于你有可能因此和自己建立更好的关系。

所以在重建的过程中，你可以试着回答以下这些问题，写下你的答案：

好与坏的总结

- 过去这段关系中你做得好的事情有哪些？
- 为什么你觉得这些事情做得好？
- 做得好带来的直接结果是怎样的？
- 做得好和你的哪些品质、特点和能力相关？
- 过去的这段关系中你做得不好的事情有哪些？
- 为什么你觉得这些事情做得不好？
- 做这些事情时，你原本的意图是什么？
- 做这些事情带来的直接结果和你原本的意图之间有怎样的差距？
- 做得不好与你的哪些渴望、需求和能力短板相关？

自我认知的重塑

• 关于自己的脾气、性格、行为和情绪，有哪些是你之前没有注意到的？

• 有哪些是你恋爱时不愿意承认和面对，但是分手之后却能够接受的事情？

• 有哪些让你觉得“当初就感觉可能会这样，现在果不其然”的事情？

• 有哪些事情你以为做不到，但却做到了？

• 通过这段经历，你对自己有什么新的认识？

寻找意义

• 这段关系让你在哪些方面变得更好？

• 纵观你所有的情感经历，这一段关系的意义是什么？

• 明年这个时候，你会如何看待这段关系？

• 从这段关系中得到的哪些影响和改变，会让你一直铭记和坚持？

没人能躲避伤痛，既然受伤了，何不尝试从中得到点什么。要回答这些问题并非易事，但能让你了解自己受伤的原因，这样不仅可以加快创伤的恢复，更有助于对过去的关系进行反思，从而得到自我成长，这便是你最大的收获。

寂寞是和自己的亲密

寂寞是一个永恒的主题，但许多人对寂寞感到陌生、不适和恐惧，想方设法逃避它。我们因寂寞而走入感情，走入朋友圈子，走入婚姻，放弃机会，改变计划，苦苦追寻不属于我们的东西。寂寞成了很多人的心魔，甚至主导了我们的生活。

寂寞可能只是无关紧要的小烦恼，却能够变成无法忍受的剧痛，让我们呼吸困难，意识模糊。我们会因为他人的陪伴或生活的充实倍感幸福，以为可以不再寂寞了，但在疲惫、难过和脆弱的时候，寂寞又像幽灵一样无孔不入，让温暖的被窝变得冰冷，让正午的阳光和夜半的明月变得无比灼目。

我记得在北京一个深秋的下午，天气阴沉，我怀揣着书和笔记本独自走向常去的咖啡店。满眼光秃秃的树枝，目光冷漠的路人，还有独自北漂的孤寂，让我的心情差到了极点，那时的寂寞变成了一种真切的生理疼痛，几乎让我窒息。

因为性格和职业的关系，许多人以为我是个时刻被朋友围绕，从不会感到寂寞的人。事实刚好相反。为了了解寂寞，我有意让自己长时间沉浸在寂寞中，独自步行回家，独自度过周末，放弃庆祝节日和生日，甚至很多天不和任何人说话，选择读书、骑行、跑步这样独自一人的活动。包括 18 岁开始留学，10 年间一直独自学习、工作，都是十分孤独的体验。

你可能会认为这是何苦，但我认为这恰恰是每个人都应该主动去体验的事情。我们需要一些独处的时间，并且主动寻找机会去体会寂寞，这样做不仅让我了解和接纳寂寞，甚至还学会和它做朋友，让它成为我的老师。

很多人害怕并逃避寂寞，认为它意味着失败和可悲，但在我看来，寂寞是人生的必然经历，并没有好坏之分。人都是有自我意识的独立个体，我们的想法、感受和记忆无法完全被另一个人所了解，但这不代表我们会过得很糟糕。能否学会与寂寞相处，才决定了你会过一种什么样的生活。

现在，一些观念将寂寞污名化，它被定义成失败者的标签，被包装成通过消费可以解决的问题。寂寞的人是没人爱的，没有自信和尊严的，没有价值的，但是你只要购买了这个，拥有了那个，你就会彰显风范，受人瞩目。虚荣心反映的就是我们对寂寞的恐惧，宁要虚伪空洞的认可，也不敢想象自己在别人心目中是无足轻重的。

我们会因为害怕寂寞而付出很大代价，更糟糕的是在承受了所有麻烦和痛苦之后，我们会发现自己仍然很寂寞，仍然在抱怨。引用叔本华的观点，我们的快乐不取决于我们拥有或者代表什么，而是由我们是谁决定。因为熟悉寂寞，我会明白世俗的眼光只能给予世俗的认可，永远无法表达对人的内心的体谅；我能从容面对高低贵贱，看淡物质名利，即使不被重视，我也不会害怕。人们内心的寂寞不是一个需要填补的黑洞。

害怕寂寞的人无法保持专注和自信。他们没有安全感，期盼得到他人认可，说话要看人脸色，做决策要考虑别人的心情。很多人戴着面具生活，遮掩自己对寂寞的恐惧，这样的生活做作而又乏味。

真正自信的人，无须取悦他人。即使被人排斥，你仍然可以面对寂寞，并专注于自己的事情。接纳寂寞，才能真正把事情做好，从而获得别人发自内心的认可。

不要因为寂寞而轻易走入一段关系。当我们害怕寂寞时，寻找的都是“妈妈型”的伴侣来围着我们转。这些年来我从感情中学到的一课就是，如果你没法面对自己的寂寞，那么无论和什么人在一起你都不会快乐。我曾对过去的女朋友们充满怨言，因为不论她们做什么，我始终都摆脱不了孤独的感觉，我会认为她们不是对的人，不够了解我，不在意我的感受。

一次次的失败让我明白了答案需要向内寻找，我不再指望伴侣无微不至的关怀，我学会了自足，让自己快乐起来，然后反过来我发现自己也越来越善于让别人开心。现在吸引我的女性，往往自信独立，她给我带来的成长、启发和激励才是最让我心动的方面。缺失的感情，也会因为被满足而变得空洞乏味，很难保鲜。真正理想的关系应该不只是减少痛苦，而是增加快乐，促进彼此成长。

寂寞还有一个很重要的意义，就是让你聆听自己内心的声音。我们对事情的看法往往受到很多外界因素的干扰，我们因此经常无法看清自己最真实的意愿。独处时和自己对话是一件特别有趣的事情，不需要考虑任何人的感受，心里那些最真实的想法才有可能慢慢地清晰起来。

你可以试试把自己关在一个空房间里，5分钟，10分钟，半小时。不带手机，不看电脑，你可以观察自己在寂寞时会有什么反应，会做什么，这样可以很好地帮助你了解自己。我们总以为足够了解自己，可是内心深处的真实感受却容易转瞬即逝。想要和一个人亲近，就必须花时间耐心地陪伴他。想要和自己亲近，就必须在寂寞中倾听内心的声音。

如何走出自卑的怪圈?

自卑是怎样形成的?

内心自卑的人最显著的一个特点就是，无论你如何赞美他们，他们也无法客观地看待自己，坚持认为自己不够好。如果你有这样的朋友，如果你想要通过鼓励来帮助他们克服自卑，并不是一件容易的事，因为他似乎是故意让自己陷入自卑的情绪中。

这种感觉不无道理，因为自卑的人在某种程度上确实是希望保持自卑状态的。他看到的自己和真实的自己之间存在相当大的差距，自卑的人倾向于坚持已经存在的自我认知，很难通过现实的客观反馈来更新自我认知。持续的自卑，源自对外部反馈的持续抗拒。

人成长的基础是不断地学习和吸收，如果对外部世界的反馈十分抗拒，那么很有可能是他曾经接收过的某些反馈产生了负面的甚至创伤性的影响。我在咨询工作当中发现，许多自卑的来访者都经历过来自父辈、师长或者其他权威人物的批判和打压。

这些人际关系中的创伤，会导致一个人进入自我保护状态，不加选择地屏蔽一切来自外界的反馈。这样的做法虽然可以让他暂时感到安全，避免情感上的较大起伏，但同时也让他失去了提升自我的机会。长此以往，他对自己的认知便会深陷在不客观却自以为安全的怪圈中。

自卑感为什么如此顽固？

要回答这个问题，需要先澄清两个重要的概念：自卑感和自卑情结。

人天生就具有横向对比的能力。当别人的玩具比你多时，当同学的成绩比你好时，当相亲对象的收入比你高时，你都可以看到差距，并且这种差距会让你对当前的状况感到不满。自卑感也是我们对理想和现实之间差距的不满。

所以自卑其实是人的天性，也是驱使着人类不断前进的动力源之一，会让人以更大的动力去变得更好。但是当我们的不足被外界强烈批判时，自卑感会被放大。比如，当同学的成绩比你好时，父母再对你横加指责，说你不争气、脑子迟钝，那么你的自尊和自信会因此而受损，你感受到的就不仅仅是羞愧和不足，而是升级为焦虑、愤怒和自我否定。

你可能会相信自己真的没有学习天赋从而放弃积极进取，或者愤怒地和父母争吵，或者暗暗地诅咒成绩好的人，或者全盘否定学习和成绩的价值，或者把自己成绩差归因于父母没钱给自己请家教。

引发这些行为的原始本能是为了减少父母评价所导致的自我价值降低，通过人为制造优越感来缓解当下的痛苦情绪。如果长期被批判和否定，其结果就是，会习惯性地用逃避、辩解、否定、指责等方式来保护自己。这种做法改变不了任何问题，更不能让自己变得更好，甚至会让自己和他人的差距变得更大。这就是所谓的自卑情结。

所以，面对自卑，我们需要做这样的调整：

了解自卑，先与自卑为友

困在自卑情结里的人，会对自卑感到恐惧和回避。但其实自卑感是帮助我们了解现实的重要反馈信号。想象你正开车行驶在一条陌生的公路上，发现路边的标志和信号在不断地提醒你此路不通。此时你如果掉头，会觉得自己是个路痴，没有方向感，于是你会一直往前开，直到最后彻底走入死胡同，才发现无路可走。

自卑就像是人生路上的那些交通标志，它们存在的意义并不在于否定你的车技、头脑或者旅行的意义，而是在提示你，是时候调整方向了。

我们不知道疼痛，就会拖着伤病的身体四处晃悠；不知道恐惧，就会傻乎乎地穿过飞驰的车流；不知道疲倦，就会无休止地工作到猝死；不知道自卑，就会多次犯同样的错误而不知悔改。我们所恐惧的很多事情，其实是我们的盟友。学会和自卑做朋友，甚至不要介意这位朋友偷走你的一些优越感，虽然你会有点难受，但是这位朋友却可以为你指明成长的方向。

我们以为自信的人是完美的，然而事实上，保持谦虚、积极、实干精神的人才是自信的。我所见过的充满自信的人，都坦然承认自己的错误，接受失败，直面批评，然后思考如何可以做得更好。

没有什么事情可以击垮他们的信心，改变他们的意志。

拍死坏习惯

有自卑情结的人在人际交往和感情中会有很多寻找优越感的习惯，让人陷入自卑怪圈的正是这样的习惯。你必须把它们揪出来狠狠地拍死，因为它们都在蒙蔽你，让你自以为已经把问题解决了。下面罗列了一些常见的行为，并给出了破解的建议。

取悦顺从——喜欢以取悦和顺从的个性来吸引别人，因为令别人开心会使你感到被认可和被接受。

但如果某些针对你的批判并不客观，而是对方有发泄自身情绪或者其他私人目的，那么无论你怎么取悦对方，也不能令他对你的态度发生改变。你需要分辨清楚对方的评价是否客观，目的是否单纯，否则便会在不断的取悦中逐渐失去自我。真正接纳你的人，不会因为你的缺点和不足而离开你，更不会用打压和贬低的方式来阻碍你成长。

贬低批判——你会找到各种角度证明比你好的人其实不如你，从而产生自信。

你追求的不是全面超越对方，而是一种“我不比你差”的心理平衡。这会让你无法客观地看到自己的缺点和劣势，更不会去想如何提升自己，如何变得更好。其实承认不足并没有那么可怕，那些紧抓你的缺点不放的人，也仅仅是通过打压你来获取微弱的优越感而已。承认不足需要勇气，更是一种自我超越。

期望值过高——制定脱离现实、遥不可及的目标，会让你的失

败看上去更像是必然的结果，这样便可以为自己的实力不足找到借口，更不必考虑应该如何提升自己。

择偶标准过于苛刻的人，往往会有这个心理习惯，他们会高估自己的实力。其实，你要从相对低一些的目标开始实践，逐渐建立对自己的客观认知和自信，这样你很快便不再需要用高期望值来做借口。

悲观——选择性地收集失败的预兆，一旦真正失败，便有足够多的理由证明这和自己的能力无关。

这也是一种为自己的失败或者不作为提前找好借口，从而保全优越感的行为。但如果把自己和同样处境的人对比，你会发现别人面对的情况可能更糟糕，但别人却能够把事情做成。所以悲观并不能真正改变现实，它只会让你永远也感受不到坚持并取得成功之后的满足感。

逃避——回避一些容易让你产生自卑的场景以避免失去优越感。

你逃避的往往是对你最有帮助、最能解决问题的事情。逃避带来的结果只能是拖延和自我欺骗。你需要考虑的是，在你最想逃避的事情上如何获得成功。

归因于外界——你会把个人的不足和差距归结于环境、他人、不可抗力等外在因素，这样就可以不用承担责任了。

喜欢把工作忙、圈子小、性格内向、不善交际这些说辞挂在嘴边的人并没有想过，他们提出的每一点理由都只是一种暂时的状态，而非不可改变的现实。那些成功者与你起点相同，但最终获得成功，这才是你和他们的本质区别。

走出自卑，是一条重新审视自己的生活、重新定义自我价值、重新设计自我行为的漫长之路。走出自卑，需要你对客观现实和自我认知有强烈的渴望，这样才能够打破长久以来的自我偏见；走出自卑，意味着要学会忍耐自卑带来的不适感，将更多精力放在优化自己的实际行为上。

真正自信的人，并不是永远都不会有自卑感的人，而是接纳生活中必然存在的挫败感，并且迎难而上、努力成长的人。

自我认知背后的意义

我还记得当第一次意识到自己的很多性格弱点和坏习惯并不是天生的，而是在童年时期被家庭环境所影响并塑造形成的时候，心中油然而生的解脱和释然的感觉。

我还记得当第一次意识到我渴望爱情却又难以获得满足，不是因为性冲动、虚荣心和挑剔，而是因为我不会和自己相处，对孤独有着巨大的恐惧时，那种豁然开朗的感觉。

我还记得当第一次意识到父母在我的成长过程中的那些影响，其实很大程度上是由他们的成长环境以及时代背景所造成的时，心中对这两位至亲产生的理解、包容和深深感激的感觉。

自我认知的提升，也是思想成熟的过程，能够让我们跳脱非黑即白的认知定式，获得更辩证、更灵活的视角，过往的许多困扰也就迎刃而解了。这个世界是不完美的，我们也是不完美的。在缺少自我认知的时候，我们会认为世界应该是完美的，生活应该是幸福的。于是我们会被各种各样的不完美所困扰，为之伤心痛苦。

当有了越来越完善的自我认知，我们便会明白痛苦的来源并不仅是这个世界，同时也与我们看待世界的方式有关。我们认为理想的生活状态是幸福快乐，所以找不到痛苦的意义；认为自己不应该忍受寂寞，所以迷失在人与人的肤浅游戏里；觉得世界和他人都不能被改变，所以放弃自我的完善和努力。

自我认知的提升，意味着你要将过往的经历与当下的状态建立联系，明白你如何被过往的经验所影响和塑造，明白你经历着怎样独特的人生。每个人都有过挫折和痛苦，如果可以理解每一段经历的意义和影响，便可以大大降低自身的焦虑感。

清楚理解以往的经历，对于希望从过往的痛苦中走出来的朋友尤为重要。曾经的痛苦无法避免，但如果理解不足，便在痛苦的基础上多了一份困惑和混沌，这样的痛苦会一直持续，很难被时间抚平。只有当你足够了解过去的事情发生的原因，才会感觉安全，也更有信心面对未来。

自我认知的提升，能让你以更好的姿态面对这个世界。你会发现态度决定一切，你看待世界的态度，决定了你所看到的内容，以及你自己的反应。尤其在这个更加复杂和多元化的社会中，当标准和规律不再单一时，找到与自我契合的信念和价值观尤为重要，你会更清楚自己的人生方向，也更有能力构建理想的生活方式。

在人际关系中，对自己好恶的清晰界定可以让你拥有明确的立场，这是自尊和自爱的重要前提。你的人格画像会因为自我认知的提升而变得更清晰，你会知道自己的界限在哪里、希望扮演怎样的社会角色、愿意获得怎样的人际关系。

最后，自我认知的提升让你有能力和自由去选择从不同的角度看待世界、他人和自己。你可以让自己的心灵得到释放，不再为任何无谓的事情而痛苦，因为你了解一切痛苦的意义和原因。最后，你不再恐惧死亡，因为当你清楚地了解这个世界时，会明白死亡不是终点，我们的生活也不会因为无法避免的死亡而变得毫无意义。

有效提升自我认知的方法

自我认知是一个非常复杂而又模糊的概念，因为人是复杂的生物，处于不断变化中。我尽我所能谈一些与自我认知相关的问题，并和大家分享一个非常好的自我提升的方法。不过无论用什么方式提升自我认知，都无法速成，而需要投入很多。人时刻都在成长，不受意志的控制，你能够选择的，就是让自我认知的提升速度跟上成长的节奏。

你真的了解自己吗?

简单来说，自我认知就是一个人对自己的了解程度。我们总觉得了解自己多过别人，因为人是不会和自己说谎的。可是自我认知并不完全关乎诚实。

自我认知会受限于我们的视角。比如，此刻你应该未注意到自己的脚掌是什么感觉，可是当读完了这句话之后你肯定能清楚地感觉到脚掌的存在。人的意识像手电筒一样，光亮照到哪里，我们才注意到哪里。而人的内心又是复杂的，就像在一个漆黑的房间里，一支手电筒永远无法照亮每一个角落。

自我认知度高的人更熟悉自己。就好像在自己的房间里，即使伸手不见五指，你也能大致了解身边放置的物品，若身处一个陌生的房间里你便很难做到。提升自我认知，就是一个不断探索内心隐秘角落的过程。

我们对自己的认知可能是混乱的、支离破碎的，就好像对刚认识的朋友一样，只能通过只言片语来了解对方。现在许多人喜欢读心理学，尤其是心理动力学方面的内容，这些知识帮助我们在成长经历和当前状态之间建立连接，让我们知道现在的想法和行为，可能与以前的某些事情有关。

人生的状态多半与曾经的成长经历有关，了解这个规律能解开很多困惑，从而增强安全感和方向感。比如，我在工作中常见的情景：一个在感情中极端缺乏安全感的人，通过心理咨询发现引发自己焦虑的信号，其实从儿时与父母相处时就存在，于是不再一味指责和控制伴侣。多了解自己一些，能够更全面地理解问题和矛盾，也能做出更周全的反应。

自我认知度也会受到欲望和目标的影响。有的人并不是不了解自己，而是出于某些原因拒绝关注自己、了解自己。一个害怕婚姻破裂的家庭主妇为了维持家庭而牺牲个人心灵成长的需要，并不意味着她不知道自己想要什么，只是很多时候不得不聚焦于别人，所以忽略了自己。

自我认知度高的人更自爱

与他人相处中，如果了解对方，就容易产生信任和理解，更愿意与之合作或提供支持。同样，我们也需要和自己相处，这也是一种人际关系，是英文里I和me的关系，而且我认为这是所有人际关系中最为重要的。

自我认知度高，你会更自信，能更加了解自己在不同状况下会有什么样的想法和行为；你会更有安全感，因为你会更清楚出现问题和挫折的时候，自己做了什么，哪些行为对事情的结果产生了影响；你会对自己的人生有更好的规划，方向感更明确；会更懂得自爱，更容易接受自己的不完美，不会为此而感觉挫败。

提升自我认知的方法

首先想说明两点。第一，对于自我认知到底是什么，怎样去衡量，怎样才算足够好，其实没有标准答案，就像你的人生怎样才算成功，都是由你自己来决定的。第二，这个提升自我认知的方法，会花费你非常多的时间，过程也不会那么轻松，我建议你不要急于求成，避免带着完成作业的心态去做。人生中难得有一些过程比结果重要的事情，这是其中之一。

具体来说，你需要做下面几步：

划分人生阶段

将自己的人生划分为8个阶段，这个数字没有特定的含义，只是一个结构上的要求。每个阶段用一个重要的事件或者时间节点来界定。第一个阶段从出生开始，最后一个阶段一直持续到当下。

罗列重要事件

从每个阶段里找出10件对你影响重大的事件，这个数字也仅是一个结构上的要求而已。这些事件应该对你的情感、性格、生活轨迹、人际关系产生过比较大的影响。

我建议你关注这样一些事件：让你的生活轨迹发生变化的转折点，重大的失败或意外，重要的决定，对情感造成较大冲击的事件，记忆深刻的事件。另外这些事件多半与他人有关，我建议你重点关注你的父母或者其他亲近的人。

罗列这80件事情本身就是个挑战，有的需要努力回忆，有的需要去询问他人。你可以先定义好一个阶段，去搜罗事件，进行分析，然后再进入下一个阶段。

分析事件

每一个事件下面，你都需要回答以下几个问题：

（1）这件事给你带来了哪些认知和想法上的变化？

（2）这件事给你带来了哪些情感上的冲击或者影响？

（3）这件事和现在的你有什么关系？换句话说，这件事如何塑造了今天的你？

内容上没有太多要求，每个人都有权利以自己喜欢的方式写一部自己的个人史。唯一需要你坚持的是8个阶段，总共80件事情，每件事情3个问题，这样写出来的东西才能足够细化。每个问题你可以随便回答，或者详细地描述。要花多少时间，要写多少，由你自己决定。

你的收获

完成这份“作业”可能需要花费很多时间，多到远远超出你的预期。写的过程中你可能会哭、会笑、会感慨。你可能需要他人帮助你回忆某些事。我介绍身边的一些人尝试过这种方法，包括我的长辈。我没有看他们写的东西（你最好不给别人看，这样才能保证内容最真实）。但是大家给我的反馈一致：做这样一件事对自己有太多益处。

这个练习是我大学时期的一位心理学教授布置的期末论文题目。当时的我花费两个月的时间，写下一万多字。它开启了我对自我认知的探寻之路，是我到目前为止做过的最重要的几件事情之一。

最终的效果因人而异。但对我来说，写作的过程已让我受益匪浅，一边写一边思考，看清了很多以往忽略或者误解的问题。写完之后，整个人有一种“觉醒”的感觉，它带来的思考，也会持续影响自己。同时，你会更理解自己，会看到所处的环境对自己的影响，而不再把所有事情都归因于自己或者身边的人。

第三部分

来自父母的爱与伤

父母带我们来到这个世界上，给了我们最初的认知，教会我们如何与人相处，但他们并不完美。也许这不完美将长久地影响我们，但只要多一些理解和共情，我们便可以有意识地做出不同于他们的选择。

第 7 章　原生家庭

走下神坛的父母

我们的生命中，大约有三分之二的时间与父母重叠。所以，和父母的关系或许是我们人生中最重要的关系之一，然而许多人的认知中都存在一个巨大的误区：以为自己和父母的关系是一成不变的。实际上，这种关系的进化与成长，才是推动我们个人成长的最主要因素。

“你永远都是我们的孩子，我们永远都是你的父母。”从情感的层面讲，这是一种既温馨又安全的状态。每个人都希望自己有这样一个安全的港湾，不论遭遇了什么失败挫折，都可以回到这里。但是从关系的层面讲，并不表示我们要一直用同样的方式与父母沟通、相处和维持关系。

每一段关系都会进化，因为每一个个体都在不断成长，可是在我接触过的许多来访者的案例中，他们和父母的关系都呈现出固化的、胶着的状态。成年的孩子和父母之间几十年来纠结于同样的问题，都有自己的愤怒、恐惧、不满和委屈，甚至连双方说出来的话都和过去一模一样。

有一位不喜欢过生日的来访者，每年生日前后她都会极力回避所有的庆祝活动。深入了解后才知道，在她小时候，父亲喜欢以她生日的名义大宴宾客，而她则需要跟着父亲向来宾赔笑，在许多并不熟悉的大人面前炫耀自己的成绩和才华。可是这样的生日她过得并不开心，因为这一天本应该是属于她的，却被父亲“挟持”，所以逐渐形成了回避生日的习惯。

有趣的是，在和我对话的时候，她已经是一个在生活和经济上完全独立的成年人，然而那些童年的感受仍然影响着她处理问题的方式，表达对父亲的不满时也是如此。我问她为什么没有考虑自己规划生日活动，她说因为她期待着父亲可以考虑她的感受，过问她的意见。

她坦言这样的想法一直持续到成年之后：他是我父亲，他先改变我才能改变。可是我反问她：“你有没有想过，或许因为你一直没有发声，所以他默认了你作为孩子的从属角色，于是一直主动承担着为你规划生日活动的责任？他有很多方式宴请宾客，为什么非得占用你的生日？会不会你和他在这个问题上的僵持，多半是因为你们多年来一成不变的相处方式？”

这样的例子还有很多，很多人成年后仍然走不出孩子的角色，有的人会用孝顺作为借口，有的人被负罪感牢牢地牵绊，还有的人依然在经济和生活上依赖父母。有的父母会沉迷于这种关系，因为可以对孩子有十足的掌控和几乎无限的权利；有的子女也是如此，因为表现得顺从乖巧可以获得父母的各种支持。

这样的相互依存并没有本质上的对与错，但是当这种依存阻碍了家庭关系和个体发展时，就形成了不健康的家庭关系状态。尤其是当孩子成年后，有了自己独立的判断和思考，以及更为清晰的自我意识和情绪感知后，与父母的冲突就会增多。

同样的相处方式，可能适用于大人和孩子之间，但在成年人之间就未必合适了。不论是对父母还是对子女，最大的问题在于，大家都不知道除此之外，还能以何种方式相处。在很多家庭中，父母和子女都对关系的进化抱有抵触和恐惧的心理，担心设定界限意味着产生距离，担心独立意味着疏远。而真相是，固化的关系会因为无法与家庭成员的成长同步，从而把大家推得更远，形成家庭成员之间的假性亲密关系。如果要保持真正的亲密状态，关系必须成长，相处方式必须进行调整。

随着心理学知识的普及，大家对于原生家庭的探讨也越来越多。有些心理学人士会把形形色色的问题都归因于原生家庭。原生家庭重要吗？重要，对我们的确有相当深刻的影响，但是探讨原生家庭的目的不是纠结于过去，去讨伐或试图修复关系。

当我们了解家庭的过去，才有可能明确未来。所以我的所有努力方向，都是指向未来的，是想要和大家探讨“我们与父母的关系应该朝着什么方向发展”，而不是“父母本应该以怎样的方式对待我们”。虽然后者是现在讨论原生家庭时很普遍的论调，可是我仍然想要鼓励各位读者能够把眼光放得更长远。

我和我父母的关系中也有过各种各样的纠结。我刚刚经历过这样一个阶段：醒悟，回顾，继而对他们充满怨恨。这个阶段中的抱怨和抗议，或许是有必要的，但不要持续太久。

慢慢地，你会接受曾经的不完美，而接下来需要思考的问题是：手上的牌就是这样的了，我要怎么打？当你开始这样思考的时候，说明你已经开始踏上了一条新的道路。而第一步，就是要改变你对父母关系的至关重要的认知。

走下神坛

孩子眼里的父母是神。这句话一点都不夸张。孩子眼中的父母是全能的，从记事起我们就对他们充满依赖：生活，情感，心智发展，人际关系，健康营养……假设一个孩子从小就有成年人般的自我意识，他可能会对这种依赖感到不快。所以说把父母的形象供奉在神坛上，视他们为全知全能，是我们未成熟时期必要的心理状态。

父母本身也会享受这种状态，并努力地维持。尤其是当孩子逐渐长大，父母发现自己全能的地位开始动摇的时候，便会通过有选择性的自我展现来维持，比如强制要求子女顺从，或用自己的逻辑进行说服，再或者以“孝道”的名义控制子女。

没有人是全知全能的，父母也不是，但是在和孩子相处时，他们需要隐藏自己的弱点和局限性，尽可能表现出十足的可靠和信赖。有的父母这么做是出于爱，是希望让孩子感到安全，也有的父母或许带着一些自恋和自私的心理。但是随着孩子的成长，他们必然会发现自己的父母并非完美无缺。

有一位来访者，她在中学时代偶然发现自己的父亲出轨，当时的她并不能完全理解父亲的行为，因此伤透了心。因为她眼中的父亲是一个完美的男人，成熟稳重，对家庭充满责任感，对自己无比宠爱。这种伤心导致她和父亲的关系疏远了很多年，与此同时或许也伤了父亲的心。我花了很长时间来梳理她对于父亲的期待，帮助她明白了父亲并不是完美的，他有自己的弱点和局限，而她也应当站在成年人的角度去看待当年的事件。

虽然对大多数人来说，父母的形象不会突然崩塌，但是他们迟早会走下神坛。我希望你做的第一件事就是开始以这样的角度去看待你的父母。不要再以童年的视角将他们理想化、完美化，让他们在你眼中变成平常人，把他们带给你的影响和创伤看作是他们因为自己的局限而犯下的错误，而不是绝对理性的状态之下做出的选择。

有些人会觉得父母是顽固不化的，他们对自己的想法有着绝对的自信。如果你这样看待自己的父母，多半是因为在你心目中，他们仍然站在神坛上。

事实上，父母并非顽固不化，只是他们更容易被自己信任的人和观点所影响罢了。当我们无法影响父母的观点时，或许是因为多年以来我们是以孩子的身份面对他们，而他们尚未建立起对我们完全的信任。

在我和自己父母的关系中，由于职业的缘故，他们经常会读我的文章，再加上我的不断努力，父母在家庭关系的问题上对我非常信任和认可。一旦建立了这种信任，两代人便可以在很多问题上共同反思、进步和成长。一方面父母不再需要费力维持完美的形象，可以和孩子袒露自己的担忧，这种袒露会拉近双方的距离；另一方面孩子可以更理性地表达自己的诉求，以更合理的方式重建和父母的情感关联。

让父母走下神坛，并不是否认父母的价值，或者看轻亲子关系。相反，正因为在乎他们，希望和他们一直保持坦诚真挚的感情，所以才需要付出更多的努力，和他们建立起信任、沟通与合作关系。

这是一个需要理性和耐心的过程，是要以爱为驱动力的。虽然心理咨询师的主要工作是用专业知识帮助他人，但是在写作本书的过程中，我依旧怀着对自己父母深深的爱，希望通过分享自己的成功经验，去鼓励更多朋友重新理解他们和自己父母的关系，重新爱上他们。

那个不想回的家

不知道各位有没有注意到这样一种现象：多年独自在外打拼的你，性格、思想、自信心等方面已经相对成熟，可是一旦回到父母家之后，整个人又会回到青春期的感觉，情绪起伏大，性格古怪，自卑孤僻。

可能不是所有人都会如此，因为不是每个人都曾经与父母关系紧张。对于家庭氛围温馨有爱的人来说，每一次回家过年都是幸福的体验。不过对于另外一些在高冲突、高压抑家庭氛围中长大的人来说，这样的感受可能就会很明显。

我的很多来访者和朋友都有类似的经历，小时候因为家庭和父母的缘故，性格内向孤僻，非常自卑。长期处于这种压抑状态的人，都会想方设法改变和提升自己，在思想、生活、经济方面都日渐独立，性格和情感也随着阅历逐渐变得成熟，继而重建自信。

可是当回到父母身边时，那些似曾相识的感觉又会重现。那些挖苦讽刺，言语之间流露的不尊重和不信任，看似不经意的打压、责备和矮化，自以为是、高高在上的指手画脚……这些伴随你长大的场景，造就了你早年软弱的性格，即使在今天他们的言行中流露出来的小细节，仍能够深深刺痛你的内心。

任何一个从压抑的家庭氛围里挣扎着走出来的人，都会对这些家庭关系里的棘刺异常敏感。

面对父母的不屑和轻蔑，你可能会选择爆发，也可能会用隐忍和包容的态度来面对，或者你会用比以前更聪敏的方式回击或者指出父母的过错。不管你做什么，我都支持你的决定，只是要和以前有所不同。不过与此同时我也知道，不论你做了什么，心里还是会有一丝悲伤，你会问自己："我都这么好了，他们为什么还是不愿对我好一些？"

你会感到气馁，认为自己曾经的努力似乎没有换来期望的结果，你和父母的关系依然是这样一触即发，难以调和。你甚至开始怀疑自己是否真的应该继续在意这些事情，坚强的外表之下，你的自信和自尊可能又会像当年一样跌到谷底。

如果这就是你此刻所感，那么我非常想给你一个大大的拥抱，为你端上一杯热饮，然后对你说下面的这段话。

不要质疑自己，因为一切努力都是有意义的。你曾经被迫承受一切，而现在你除了默默忍受以外，还有更多不同的选择，如爆发、沟通，以及拒绝对话。你的最大成就，就是让自己在同样绝望的情形下，有了选择的权力。

不要责备自己，你所遭遇的状况，并不是你的错，只要你一直在努力成长和完善自己，你就是对的。今天的这些看似难以改变的困局，其实是你的父母拒绝反思和成长的结果。命运是公平的，拒绝成长的人，会永远生活在一如既往的狭隘、焦虑和恐惧当中，永远不明白自己为何感觉不到发自内心的满足感。这个道理他们可能最终也无法明白，你无法拯救他们，你只要拯救自己，你做到了。

不要怀疑自己，你只是在一个特定的场景下，被激发起自我保护的本能。沉默是你的反抗，暴躁是你的呼喊，这些本能曾经帮助你在逆境中得以生存。现在你学会了用新的方式与自己相处，你懂得了更好地照顾自己的感受，而过去那些本能反应，让它们继续存在吧，因为在大多数情况下，你已经不需要依赖它们。

最后，不要对未来感到绝望。原生家庭的状况无法改变，但你有能力也有权利为自己争取美好的生活。

认可无能：我们为什么得不到父母的认可

父母难以取悦，或许是许多人心中长久的痛。在父母眼里，我们不够聪明，不够漂亮，成绩不够好，工作不够出色。虽然他们也用行动证明了他们是爱我们的，但却始终无法给予我们充分的认可。即使我们已经足够努力，甚至取得了不错的成绩。

不少来访者都有这样的困扰。父母并没有极端而偏执地打压我们，两代人之间的关系也没有太强烈的冲突，我们对父母的怨愤不足以变成恨意，但这样模棱两可的态度更是一种折磨。年少的我们无法理解父母种种苛责行为背后的真实原因，只能通过他们的语言表象寻找取悦他们的机会。一方面我们相信父母是爱自己的，另一方面又被他们的苛责所伤害，这种矛盾让我们产生种种困惑、自卑和自我怀疑。

怎样才能让父母认可我？其实，世界上不存在一无是处的人，如果你完全感受不到来自父母的认可和赞同，请不要自我否定，因为很可能是我们的父母存在这样一种心理障碍——“认可无能”。

什么是“认可无能”？

相较于心理学领域近些年频频出现的“爱无能”一词，我想“认可无能”是一个更应该被广泛关注和讨论的话题。认可是人在成长过程中逐渐习得的能力。并不是每一个为人父母者都具备这种能力，尤其是在他们缺少模仿对象和相应的沟通能力时。

发自内心而又客观真诚地认可一个人并不是一件容易的事情。你需要非常了解对方，很多父母对于孩子的了解仅仅停留在学习成绩和行为规范的层面，对孩子的想法和感受缺乏关注，更谈不上去发现他们的独特之处。

我在咨询工作中发现，许多来访者在很小的时候内心世界已经很丰富，或者已经表现出一些非常难能可贵的品质，但却因为各种原因不被父母所理解。这种情况下我会告诉来访者，不是你不够好，而是父母并未看到你的好。

认可需要换位思考。每个人面临的生活挑战都是不同的，对你来说很容易的事情，对我来说可能很难。这就意味着如果你能认可我的努力，你必须站在我的角度理解我的困难。

让成年人站在孩子的角度换位思考，尤其不易。比如在父母看来简单的加减乘除，孩子却怎么都学不好，很多父母便会忍不住责备甚至嫌弃，他们忘了未成年的孩子心智并未成熟。又比如催婚的父母，他们认为结婚生子是水到渠成的事情，却无法体会子女在现代社会两性关系中的困惑和挣扎。

并非只有客观成就才值得被认可。子女在成长过程中会经历很多心理和人际关系上的挑战，这同样是成长和获得，只不过不容易体现在可见的物质价值上。倘若父母不能了解子女的成长，无法理解这些隐含的价值，也会在表达认可时大打折扣。

父母这代人由于所经历的时代具有特殊性，他们在不断被批判的环境中成长，于是鲜少懂得认可、鼓励、赞美对于年轻人成长的重要性，他们中的一部分人缺乏沟通技巧，过分压抑个人情绪，将自身受到的批判习惯性地传递给下一代。他们并没有认识到，这种批判会给我们的心理带来什么样的影响，这就像“爱无能”的人无法正常付出爱一样，他们无法给予子女真正的认可，这就是我所提出的“认可无能”。

“认可无能”对我们的影响

父母的认可对我们来说，是一种反馈机制，可以帮助我们的心智发育和成长。年幼时，这些反馈主要集中在生存和安全问题上，我们通过父母的认可来探索行为的对错和安全的边界，知道什么事物是危险的，什么行为是不合时宜的。

随着年龄渐长，我们不只对物理世界具有认知，同时也开始建立对自我和人际关系的认知。父母对我们的评价方式会直接影响我们的自我评价和自我认知，我们也会参照他们的人际交往方式去建立自己的社会关系。

如果父母“认可无能”，那么他们给予我们的反馈就难免偏颇。长此以往，我们的自我认知便会远远低于我们应当得到的评价。别人眼中的你也许很优秀，可你自己却难以自我认可，这会让你的性格变得犹豫不定、患得患失，人际交往中更容易产生自我怀疑。有的人为了平衡，会变得偏执和自以为是。还有的人外表自信，但在亲密关系中却会不自觉地流露出自卑和自我否定。最重要的问题是，为了获得父母的认可，你可能会以同样苛责的眼光看待自己，并因此感到持续的焦虑和痛苦。

总结

我想让你了解，在缺乏相互理解和换位思考的家庭环境中成长的你，不自信的很大一部分原因是来自父母的“认可无能”。他们眼里的你并不是客观真实的，你的自我价值理应被认可、被尊重。

如果你一直在为得不到父母的认可而困扰，或许应该先了解一下他们的成长背景，以及环境对于他们心理和性格的影响。或许他们在成长中就缺乏与认可相关的能力培养。同时，看看他们能否真正做到换位思考，能否真正理解你，设身处地地体会你的感受。

如果他们确实存在“认可无能”的情况，那么你大可不必自怨自艾，因为父母的认可并不是帮助我们认识和评价自己的唯一反馈来源。一个具有独立人格的成年人，会懂得通过学习和思考来完善自己的认知，在高质量的友情和爱情中获得成长。同时，也可以带着对自我、对他人的客观评价和清醒认知，走入每一段亲密关系，面对每一个你所爱的人。

一个时代的隐痛

代际创伤对中国家庭及个体心理健康的影响，或许是一个被很多人所忽视的问题。

我最早开始关注这个问题，始于在学心理学做自我分析的过程中，对自己的父母进行了一次访谈，第一次从旁观者的角度去了解他们的经历、他们的父母以及成长环境对他们的影响。这是一项庞大的工程，也是一个让我不断了解和反思的过程。当我将收集到的信息汇总在一起，再回看自身的成长历程，会发现父母那代人所经历的一切，同样以不易察觉的方式渗透进我生活的方方面面。

父母的故事

父母的家庭背景大相径庭。爷爷是国民党高官，民国时期的高级知识分子，受训于黄埔军校，留学日本，新中国成立后留在大陆。外公是延安老革命，战后被分配到地方做官，然后在组织安排下和外婆结婚，可谓根红苗正。

父母的成长环境也有很大的差异。父亲的家庭因为“成分”不好，长期受到压迫、威胁和欺辱，一直处于极端贫穷的状态，经历过一家人只有一条裤子穿的窘境，所以父亲几乎是在时刻面临对抄家、批斗和凌辱的恐惧中长大的。

他的性格中有偏执、焦虑和不稳定的一面，对人缺乏信任。每当回忆往事的时候，他的情绪便会有很大起伏，因为青少年时代经历的创伤，并没有从情感和认知上得到有效缓解，所以造成很多情绪障碍，从心理学的角度来说，这应当属于应激性创伤。

母亲则来自一个典型的干部家庭，从小接受正统的教育，强调规矩和规则。她家中的等级制度清晰分明，虽然“成分”相对好一些，但她也遭遇过那个年代特有的不幸，比如当街目睹外公被批斗。

在母亲的家庭中，所有的成员都是当时社会运动的积极参与者，意识形态和社会动荡已经打破了社会和家庭、公共和私有之间的界限，让人无处可逃。在那个年代，很多人会把当时的政治意识形态的东西带入与家人的关系中，这在我看来是非常可怕的事情。

母亲天性软弱、性格内向，在家里遭受着来自外婆和其他家人的压迫，心理和情感诉求被批判或忽略，情绪被长期压抑，因此形成依恋型人格，性格也因关系创伤而变得十分焦虑。成年后患上的神经衰弱，与当年的这些经历也不无关系。

我和父母

从这样截然不同的家庭背景中走出来的两个人结合之后，在彼此的相处以及对子女的教育方面，也就不可避免地会产生很多矛盾。

父亲对于社会认同、尊严和物质积累都有很强烈的渴望，他在情感上表现出很多的焦虑和不稳定感，对亲密关系则表现出逃避和恐惧，这种在亲密关系中出现的障碍与创伤后应激障碍患者非常吻合。

母亲由于长期受制于权威型人格，因此发展出了明显的取悦型人格，敏感、焦虑，在亲密关系中无法直接表达自己的诉求，长期的隐忍一方面让她的神经衰弱加剧，另一方面也让她在亲密关系中呈现出消极攻击型特质（被动、固执、拒绝承担责任、埋怨）。

父亲的愤怒和言语攻击，母亲的敏感、埋怨和固执，让家庭氛围时刻充满了焦虑，也让父母之间的裂痕难以修复。在很长一段时间里，我们的家庭关系呈现出这样一种恶性循环：父亲发脾气→母亲抱怨→冷战和焦虑→争吵爆发→父亲摔门而去→母亲的焦虑和伤痛转移到我的身上。由于我与母亲待在一起的时间较多，自然很大程度上受到母亲情绪的影响，于是形成了我长期以来焦虑、抑郁和起伏不定的情绪状态。

母亲所体验的亲密关系是非常冷漠的，所以当她的情绪被焦虑笼罩时，便很难有精力和能力来呵护母子关系，加上父亲对我表达出来的不信任和言语攻击，让我形成了典型的焦虑回避型人格，对自己的认知变得非常消极，缺乏自信，敏感脆弱。

小时候的我在别人眼里是一个不说话的、古怪的、情绪起伏不定的小孩。在学习中有很明显的被动攻击型特质（被动、健忘、偷懒、拒绝承担责任），在人际交往中则呈现出对亲密关系的恐惧和回避，以及自我压抑。

反思和感想

上面这些分析叙述，其实只是我整个家庭历史中的一个侧面。

在实际的自我分析中，涉及的因素要复杂得多。起初我以为自己性格上的缺陷可能是自己的问题，后来发现与父母的教育方式有关，再后来发现，父母本身的性格和他们之间的关系也对我起到了很大的作用，再追溯到父母的成长背景，才逐渐明白了社会、历史、环境如何塑造了他们，乃至影响了我们的家庭和我自己。

这样的分析方式在很大程度上有助于我了解自己、理解父母。虽然这篇文章看上去像是在很理性地进行分析，可是相信我，在写的过程中，我的心在不断地流血，因为这些都是我亲身经历的家庭创伤。

这是个令人悲伤的过程，但与此同时，它也给我带来了很多的回报。我庆幸自己有足够的勇气和专业知识去认识和理解这些问题，也很感激我的父母给予的支持和配合。在我们三个人共同的努力之下，我们的家庭已经越来越和谐、稳固。

对我个人来说，这个反思和分析的过程，不仅带来了理解和洞见，更让我变得宽容。我曾经对父母充满了愤怒和埋怨，而当我了解到他们背后的创伤和自身的局限性之后，便理解了他们作为弱小的个体，遭受的痛苦远比我想象的多，心中的怨恨也减少了很多。从那时起，我意识到，自己的父母“或许不是最好的人，但他们是最好的父母，因为他们已经给了我他们所能给我的全部”。

我也因此而获得了更多的动力和能量，加上工作中所付出的努力，现在已经有足够的心理能量去帮助别人了。

我自己的成长经历，驱使我去了解父母在那个时代遭受的共同的创伤。

我建议每个想要更加了解自己、了解家人的人，都试着去了解20世纪50~70年代的中国历史，包括父辈们的亲身经历。请相信我，对很多家庭来说，这个阶段的影响无处不在，至少在我的咨询工作中，出现得非常普遍。

对我们来说，代际创伤形成的原因并不重要，重要的是，出现创伤之后，我们能做什么。有没有去回顾和反思？有没有去尝试修复和改善？每个人一生中可能都会经历某些形式的创伤，你是要背负沉重、苟延残喘，还是努力去做点什么，这需要你自己做出选择。

不少朋友问我为什么要写这样的东西，一定很需要勇气吧？是的，的确需要勇气，但我想最深层的力量和勇气，还是源于爱。我爱自己，所以我愿意给自己机会把在乎的事情表达出来；我爱未来的伴侣和孩子，所以会尽量让不良因素远离他们的生活，我要努力改变自己。

第 8 章　缺爱的你

取悦型人格的悲哀

取悦别人是人际交往中常见的一种方式，但并不表示因此就可以被标记为取悦型人格。当我们取悦他人的时候，会优先考虑别人的需求，努力维持和谐、避免冲突，不冒犯、不犯错、不惹麻烦。而拥有取悦型人格的人，会在取悦别人的同时变得缺乏主见，忽略自己的感受，不懂得拒绝别人，同时却在内心充满抱怨和愤怒，从而对人际关系逐渐失去兴趣。

取悦型人格或许是在我的咨询工作中出现得最频繁的问题之一，联系到原生家庭，不难发现取悦型人格的产生源自成长经历，并且会持续影响成年后的人际关系，尤其是亲密关系。

取悦型人格的产生有很多因素，但是我在咨询工作中经常观察到两种普遍情况。第一，生长于高冲突家庭的孩子，成年后比较容易形成取悦型人格。因为孩子在家庭战争中经常会充当和事佬的角色，主动担负起维护家庭关系的角色。第二，拥有挑剔和难取悦的父母，往往和一个人成年后的取悦型人格有关系。缺少足够的认可，孩子容易形成习惯性的取悦，想要不断获取来自外界的赞美。

天生的家庭治疗师

哺乳动物通过不同的繁殖策略来确保物种延续，比如老鼠，依靠在短周期内大量繁殖来对冲幼崽死亡的风险。母老鼠在出生后 30 天左右就可以产崽，一次产 10~12 只幼崽。相比之下，人类的策略则是在超长的生育周期内进行少量繁殖，人类个体从出生到性成熟大约需要 18 年左右的时间。这也就意味着，对于人类来说，父母对子女需要有相当大的投入，而子女则会尽最大努力确保父母持续地抚养自己。

基于这样的角度，我们就能理解为什么在一个高冲突的家庭当中，孩子会担当起关系维护者的角色。孩子对父母有可能分离的风险具有非常强烈的敏感性和干涉本能，这样的本能通过自然选择被写入了我们的基因。正因如此，每一个孩子都是天生的"家庭治疗师"。

孩子是怎样扮演治疗师角色的呢？夫妻两人产生矛盾的时候，很容易把孩子当作工具或者媒介，用孩子来要挟伴侣，甚至通过孩子去控制或者攻击伴侣。而出于自我保护的目的，孩子对于家庭具有极高的忠诚度，当意识到自己在父母冲突中所扮演的角色时，往往会心甘情愿地承担这个角色，甚至以牺牲自己为代价。

有的孩子会通过逃学、打架等行为问题来转移父母冲突的焦点，有的孩子可能会出现身体或者精神上的病症，因为这些病症的出现能让父母暂时停止争吵。从结构家庭治疗的角度理解，孩子的这些问题未必都是源自个体，更多是因为这些问题在家庭关系的互动中具有保全家庭、维护父母关系的价值。

很多时候，孩子是无意识地进入这种角色的，因为父母的冲突让他感到焦虑不安，而充当和事佬可以暂时缓解这种焦虑。在中国特定的文化环境中，做一个懂事的乖孩子，努力学习，为父母赢得他人的赞赏，成为孩子们最常选择的父母关系维护策略。满足父母的要求和期待可以在一定程度上减少家庭的冲突，因此在一个高冲突家庭中，这种取悦父母的行为模式会被不断强化，从而让孩子形成取悦型人格。

通过取悦父母来缓和家庭关系的方式看似管用，实际上却让孩子承受着巨大的代价。当孩子顺从父母的期待去做许多事情的时候，是被恐惧、焦虑而非爱和兴趣驱动的。不取悦父母，父母关系就有可能恶化，而这是孩子最不想看到的局面。在这种恐惧的笼罩之下，孩子会逐渐丧失对自己喜好和感受的把握。

另一方面，父母和子女的关系是互动的。子女以取悦的角色面对父母时，也强化了父母通过批评和指责子女来发泄焦虑、处理夫妻关系矛盾的习惯。这会导致父母之间的矛盾永远无法得到正面解决，子女也会因此而处于长期焦虑中，因为无论怎样努力取悦父母，都无法换来双方关系真正的缓和。

挑剔不是爱

和高冲突父母关系紧密相连的一个问题是父母在子女教育中的挑剔和苛求。中国家庭习惯采用批判的方式来激励子女，这样的教育策略会有一定的成效，比如培养了年轻人的谦和与上进之心。但对于一些问题父母来说，批评行为究竟是出于对子女的客观评估，还是源于自身的攻击性和愤怒情绪的投射，是一个常常被忽视的问题。

客体关系理论认为，人类既然有七情六欲，也就有由欲求不被满足所带来的愤怒和攻击性情绪。这些情绪原本是人类心理的必然组成因素，如果合理利用，可以成为成长中的行动助力。但在某些情况下，人无法面对内心的痛苦、愤怒和攻击性言语，他们会通过投射这样一种防御机制，将内在感受转移到外界的客体上。

客体关系很好地解释了许多父母过度刻薄挑剔的行为。当家长对孩子有超过客观现实的挑剔要求时，往往是因为他的内心有自身无法承受的痛苦和愤怒。他对自己也一定是非常挑剔的。这种自我挑剔可能来源于自身成长过程中的创伤，或者夫妻关系中的矛盾和痛苦。只是挑剔孩子相较于挑剔自己，是一件更容易做到，也更能减少痛苦的事情。

当孩子受到父母的挑剔时，会对自我价值产生怀疑和批判。但他往往很难意识到这种自我价值的缺失并非因为自身的不足，而是源于父母的情绪投射。

在这样的环境中长大的孩子，性格可能会出现两种极端。第一种，会有很强的取悦倾向，因为他们感受不到自我价值，无法认可自己，很难对自己感到满意，因此需要通过持续取悦他人而获得认可。但他们会发现无论自己如何取悦对方，似乎都解决不了问题，因此取悦的行为会变得越发目标不清和不惜代价。

第二种，孩子的内心可能会有很强的愤怒感和攻击性，但由于这些消极情绪和他们的取悦行为是相悖的，因此他们必须努力地压抑和回避。但是被压抑的情绪会在潜意识中发酵，最终以其他形式表现出来，比如对自己的仇恨、对伴侣的攻击性，以及人际关系中的冷漠和回避，或者长期的焦虑和抑郁。

缺爱的孩子懂事早

首先，我们在成长过程中受到的影响往往是无意识的：我们会误以为父母之间的矛盾是我们造成的，会天真地以为自己的顺从可以让父母关系得以缓和。我们会把父母的挑剔理解为客观理性的评价，而不是他们自身痛苦的投射，并且被这种投射蒙蔽，忽视自己内心的真实感受。

所以，要想改变取悦型人格，首先要回顾和理解自己的成长经历，明白事情的因果关系，从而清晰地意识到哪些感受和想法是发自内心的，哪些是在家庭关系的互动中被强加进去和投射的。这种清晰的意识，是摆脱原生家庭影响，为自己独立人格的发展创造空间的重要步骤。

其次，我在咨询工作中帮助过许多类似情况的来访者，一个最大的挑战就是帮助他们重新和自己的感受建立联结。作为家庭中弱势的一方，这些年轻人被长期的家庭互动模式所塑造，从而失去了对自己真实感受的把握。与此同时，重新面对自己的真实感受，可能会是一件很痛苦的事情，因为你可能会发现长久以来的焦虑和受到的忽视，已使自己内心积累了非常多的伤痛和愤怒。这也许不是一个人可以独立解决的事情，你可以选择一位专业而又具有人文关怀的咨询师来帮助你。

最后，取悦型人格的人成年后面临的一个重要障碍就是，由于习惯性地取悦所有人，所以他们无法区分他人对待自己的态度，究竟是不是发自内心的喜欢和认可。一段健康的亲密关系，必然包括两个人对彼此相对全面的了解和接纳，尤其是那些不完美的方面。

取悦型人格的人会极力隐藏自己的不完美，担心会被他人嫌弃，但这么做反而会产生更多的焦虑，因为你永远无法知道别人在看到你的不完美之后，是否还会接纳你。

所以想要摆脱取悦型人格，有一个比较便捷的方式，就是寻找那些能够包容你的人，尝试着向他们展现你的缺点，从而体验更加真实的认同感。这样的人可以是亲近的朋友，也可以是心理咨询师。

“懂事”是被迫成长

我们自小接受的教育中，有一个非常重要的理念就是要懂事、要听话。我曾经认为，这不过是一句父母在不知道要怎么和孩子讲道理的时候，说出来应付孩子的话。可是随着个案经验的增多，我发现一句简单的“要懂事”，在冥冥之中影响了很多人的人生。

什么样的孩子算懂事呢？顺从、安静、专注于学习或者其他由家长指定的事务，而且十分了解父母的预期，并主动实现这些预期。在遇到矛盾冲突或不良情绪的时候，会自动安抚和压抑自己，不给父母增添任何情感负担。在生活和物质上没有过分要求，或者最好没有任何要求，不给父母增加经济或生活负担。在父母间产生矛盾冲突时，主动回避，或者尝试安抚取悦，以缓解父母的情感疾苦……

这个描述我可以无限地写下去，因为我慢慢发现，“懂事”这个期待就像一个黑洞，很多时候家长要求你懂事，却并没有界定怎样的行为才算懂事。于是希望懂事的孩子们会不断琢磨大人的期待，花费大量时间和精力试图让大人满意，甚至不惜牺牲自己的快乐。

很多家长一味要求孩子懂事，却忘记告诉他们怎样才算达到懂事的标准。还有的家长用“懂事”来赞美和奖励孩子，不断强化“懂事”的概念，实质上是在鼓励孩子不断通过自我牺牲和自我压抑来换取他人的认同感。更有甚者，利用“懂事”这个模棱两可的概念来强迫孩子顺从，让自己在子女教育上的疏漏和不负责任的行为显得合理。

许多人一生都在试图维持自己懂事的形象，并引以为豪。可当他们成年之后便会发现，自己早已习惯了顺从父母的意志，对于自己的喜好和意愿感到一片茫然，在事业和婚恋等关键的人生选择上，倾向于背离自己的感受而满足父母的期待，并且最终因此付出高昂的代价。

毫不夸张地说，“懂事”的期待，是一种被许多父母误用和滥用的家庭教育方式，对许多孩子的成长过程造成了不良影响。

我的体验

2015年，出于个人成长的需要，我接受了一段时间的心理咨询，其间回忆起了许多儿时与父母相处时被要求“懂事”的片段。当时父母因为工作忙碌将我送去全托式幼儿园。一个幼小的孩子，从周一到周五都必须和一些不那么友善的老师，以及一群不那么合得来的小朋友一起度过，只有到了周末才能见到父母。

我对幼儿园的记忆不是太多，但印象中最深刻的一次，是某个周五的下午，我站在幼儿园大门口焦急地期待着父母来接我回家，可是当其他小朋友陆陆续续被接走，而我依然看不到最渴望的身影时，忍不住大哭起来。泪眼朦胧中，眼前的小朋友和家长越来越少，最终只剩下我一个人站在冷清的门口，一边伤心哭泣，一边继续充满期待地等待着。那一天我父母始终没有出现，他们第二天才来接我，解释是因为工作太忙。

上小学的时候，父母也经常因为工作压力和关系紧张而产生矛盾，而每一次矛盾的爆发点都是因为我成绩不好或者太调皮。有一次母亲要求父亲给我听写汉字，我因为没有熟练记忆所以表现不佳，引发了父母关于我的教育问题的争吵。父亲一怒之下将我的课本撕成两半扔在地上，然后摔门而去，母亲则咬牙切齿地质问我，什么时候才可以懂事，才能不给大人增添烦恼。

由于父母经常出差，我必须自己照顾自己，为此我学会了自己烧水煮面，做番茄炒蛋。从那时起，父母开始经常赞美我“自理能力很强”，这或许是我小时候从他们那里得到的为数不多的赞美吧。我也以此为傲，感觉似乎找到了一些让他们认为我懂事的方式，即使经常需要一个人在家度过周末。那时的我晚上睡觉不敢关灯，也因此养成了失眠的毛病，因为一到夜里就会有强烈的孤独感和焦虑感。

多年后，当我和咨询师谈起这些经历的时候，内心深处仍忍不住伤心和颤抖，因为这些经历并非偶然发生，而是在我多年的成长过程中多次出现。我是如此渴望来自父母的亲近和赞美，但我并不确定应该如何获得。每当看到父母因为我而争吵时，我就会认为他们的矛盾和对我的疏远，都源自我的不足和缺陷。而我需要做的就是尽量掩盖自己的难过而让他们开心，或许这样才能被他们喜爱。

记得有一次，我和母亲去百货商场买文具盒，碰到了同班一个家庭条件优越的同学，他的父母很豪爽地给他买了一个昂贵的金属文具盒。而我至今都记得，当时的我充满羡慕和渴望地看着他手里的文具盒，内心却压抑而痛苦，然后很平静地告诉母亲自己希望买那款最便宜的塑料文具盒。这个故事后来被我母亲以赞扬的口吻讲给了很多亲戚朋友，也得到了所有人的一致认可。可是每当听到他们的赞美，我内心的感受都很复杂，因为所有人都会说同一句话："这孩子真懂事。"

卑微的渴望

当谈到这里时，我的咨询师问我："你觉得他们忽视你的需要，那你尝试过向他们提出你的要求吗？"这个看似不经意的问题让我沉默了很长时间，因为我突然意识到我似乎早就习惯了不提要求、不表达需要，甚至已经记不起上一次向他们提要求是什么时候了。我是如此执迷于自己"懂事"的形象，甚至忘记了我可以去要求他们来满足我的需要这样一种简单的方式！

而当我想到需要向父母提要求时，包括在我成年后向亲密关系中的伴侣提要求时，我的内心都充满了惶恐。成长过程中我一直都有一种希望在父母面前证明自己价值的渴望，所以每当他们因为成年人世界里的问题和麻烦而焦头烂额的时候，我都会尽量以迎合和取悦的方式回应他们。而当我自己有任何愿望和需要时，都必须非常谨慎地提出，甚至尽可能避免提出。因为在他们面前我感到自己的地位是如此卑微，以至于提出自己的要求都是一件羞耻的、会给家庭关系带来不良影响的事情。

很多人的成长经历中都存在一个恶性循环：在缺乏认可的亲子关系中，孩子会为了获得一点卑微的赞美而努力表现得懂事。但由于对成年人的期望不明确，孩子会无限放大自己的责任范围，认为任何顺应父母心意的事情都是懂事的表现。在孩子的情感需求和成长需求与父母的抚养方式产生冲突的时候，孩子会压抑自我或主动放弃自我需求。然后这种自我压抑的行为，又会被父母的赞美强化，久而久之孩子就成了一个不会表达自己的人。

这种一味强调“懂事”的行为，很大程度上会阻碍一个人自信和自尊的建立，因为他的自我价值都是由别人的评判来决定的，在不断的强化和鼓励之下，他会越发忽视自我感受和自我需要。由于习惯性地自我压抑，他无法明确区分哪些要求是合理的，哪些要求是过分的。这让他无法准确把握健康人际关系的界限，当自己的界限受到侵犯时，会出现过度敏感和感知迟缓两种极端状况。

同时，这也会导致安全感的缺失，因为在他们眼里，爱是有条件的、需要交换的，他们会不断担心伴侣的爱会因为自己犯了错误而被收回。与此同时，他们在人际交往中很难对他人产生信任感，因为他们不断让别人感到开心和满意的同时，自己并不快乐，也会因为自己所做的牺牲并没有得到预期的回报而感到困惑甚至有所埋怨。

成年之后的我，对父母越加不满，经常以比较敌对和抵触的态度面对他们。我一直认为他们不重视我的感受和需要，很少去了解我心里的想法，所以不论他们在其他方面为我付出什么，我都很难相信他们是爱我的。这让我和他们在情感上一直很疏远，每当我心里的需求再次被忽略时，内心就会增加一重伤痛，也增添了一份不信任感。

寻找解决问题的出路其实很简单：你想让他们爱你，那么，你为什么不直接告诉他们，你需要他们的爱呢？你希望他们以怎样的方式爱你？当年我那位咨询师的提问，让我这个一直羞于向他人提要求的人，似乎得到了某种形式的允许，于是我们展开了一系列的讨论，也开启了许多前所未有的可能性。

你还会哭吗？

哭泣是正常人与生俱来的能力，也是最初的表达方式，婴儿通过哭声可以获得父母的喂养和呵护。哭泣可以让人宣泄情绪，释放内心的压力；也能够引发他人的关注和共情，从而鼓励更多的利他行为，强化亲密关系中的联结感。可是很多人却并不擅长哭泣。

随着年龄的增长，许多人似乎逐渐丧失了这种能力。这并不是成长和成熟的必然结果，因为成长不是一个抛弃本能行为的过程，而是丰富本能行为的过程。许多不敢哭或者哭不出来的人，通常是因为后天经历的不断强化而远离了自己的本能反应。

没有人喜欢因难过而痛哭的感受。比这更难受的是因为生怕被人注意到而偷偷地哭。曾经有一位通过电话咨询的来访者告诉我，每当她突然沉默的时候，都是在电话那头默默地流泪，只是因为不想被我知道，所以总是忍住自己的哭声。

比偷偷地哭更糟糕的是压根儿不允许自己哭，甚至不允许自己感到难过。我们或许可以用一些防御机制来压抑自己的感受，但是人的情绪是不能够被选择性地压抑的。压抑痛苦和悲伤的同时，也扼杀了体验到快乐和希望的可能性。

在我们的成长环境中，哭被赋予了太多额外的负面含义：敏感、无能、情绪化、羞耻、弱小、依赖……有些父母在面对子女的哭泣时会大声训斥，或许是因为他们自己内心的软弱被哭声触动，但是他们拒绝面对真实的自己。还有的父母用懂事、坚强等言语来安抚孩子，让孩子认为哭泣是不符合父母期待的行为。我们从来就不擅长面对自己和他人的哭泣，以及由哭泣所引发的不适感，所以我们对于哭泣，持一种回避和压抑的态度。

这种观念让我们远离了人性，让我们和自己的关系变得敌对。

哭不出来

在作为来访者走入咨询室之前的很多年里，我都对自己很少流泪这件事多少有些骄傲。曾经的我，一年中最多哭过一两次，也多半是因为看了一些催人泪下的电影。我并不清楚哭泣对自己的意义，更不能意识到“不会哭”给我的内心和人际关系带来的影响。作为一个“懂事”的孩子，哭更是一种绝对不可以出现的行为，因为哭只能给父母和他人带来麻烦。

在我的咨询经验中，当来访者开始哭泣的时候，咨询工作往往就有了进展。因为哭泣是无法假装的，只有当人触碰到自己的真实情感时才会哭泣。所以我对于自己会在什么时候、因为什么而哭泣，甚至哭泣之后的反应，一直都特别关注。

我第一次哭泣是在结束第一次心理咨询回家的路上。当时只是默默地流泪，因为和咨询师的对话触发了我很多难过和自怜的感觉，我必须再次面对自己不被爱、不被理解、很难与人亲近的事实。之后的几次咨询，我也和咨询师探讨了这些感受，但再也没有哭泣过。

或许是自己职业的缘故，我很善于进行自我分析，所以和我的咨询师之间的对话都比较理性。

这样的情况一直持续到第五次咨询的时候，当时因为咨询师的一个问题，我忽然发现自己从来不敢向父母提要求。意识到这一点时，我突然沉默了，脑海里出现了一个小男孩儿，孤独地站在角落里，因为寒冷而瑟瑟发抖，眼神中却充满被人拥抱的渴望。那一刻有种久违的感觉涌上心头，眼睛和鼻腔瞬间湿润，眼泪止不住地流下，我体验到了咨询过程中第一次真正意义上的哭泣。那次哭泣持续了几秒钟。

当我意识到自己在哭的时候，便本能地开始深呼吸，努力让自己平静下来，身体的防御机制开始起作用了，哭泣的愿望和自我压抑的情绪在相互博弈，让我的胸口有种剧烈的疼痛感。这种疼痛好像瞬间把我从哭泣的情绪中抽离出来，然后想哭的感觉就消失了，剩下的只有胸口那种被压抑的痛，感觉好像是自己在和自己斗争。

咨询师注意到了我的哭泣和我哭泣之后的反应，她指出，我在发觉自己哭泣后，第一时间便开始自我阻止。我也意识到在刚刚那短短几秒钟的时间里，悲伤的情绪在毫无防备之下流露出来，然后迅速被自我压制。我为自己这样的反应感到惊讶。

如今回想起这些哭泣的体验，已经记不起对话的内容了，但哭泣时的真情实感却令人难忘。这也改变了我对哭泣的看法，我慢慢开始觉得，哭泣是我们内心的一部分，是一种自我表达的方式和权利。

触摸情绪

心理咨询最具价值的一个方面，就是帮助我们去观察和反省我们对待自己情绪的方式。并不是每个人都能以健康的方式处理自己的负面情绪。回避和压抑的态度，只能让人处于一种偏执抑郁的状态，虽然这不会让人非常难过，但也很难让人体验到发自内心的快乐。

当我开始接受咨询的时候，隐约感觉到自己的困扰和痛苦并非来自那些理性的、可以被分析的部分。我能感觉到自己一直有些抑郁，也能感受到内心深处的郁结，但我无法准确地说清楚它是什么。当人们经历一些巨大的伤痛后，会尽可能地把它隐藏起来，并尽力避免重新回顾和体验，甚至会选择性地遗忘。

我经历过很多次渴望被忽略、无法提出要求的时刻，在不断的失望和挫败中，我为自己构建出了“懂事”这样一个角色来说服自己接受失望，让我体验到的不满变得合理。当被父母反复忽视，当社会氛围鼓励顺从和自我牺牲时，压抑便成了看似最为合理的选择。我讨厌自我压抑，却没有其他选择。

作为一个咨询师，我做过很多次自我分析，不过这样的分析也有局限。比如，我的咨询师曾指出：当我被情绪左右的时候，会比平时更加努力地分析自己。这样的分析看似是在尝试改善自己，但其实也让我无法准确地理解它，无法亲密地触碰它。

近些年大家对心理学的认可度越来越高，许多遇到心理问题的朋友也开始通过阅读或者学习心理咨询知识来进行自救。这样做的确能在一定程度上提升自我认知，但是当你在情感上有所回避或压抑的时候，也就出现了自我分析的盲点。你需要另一个人来为你指出这些盲点，而在我的故事里，这个人就是我的咨询师。

自从第一次注意到自己哭泣之后的反应，我便产生了一种很强烈的愿望：想要了解自己的真实感受。我记得那次在回家的路上，我对自己的内心世界充满了好奇，似乎重新发现了一个熟悉而又陌生的自我：“好久不见，我都快认不出你来了。”

重新理解你的愤怒

很小的时候，我就感觉到自己的内心充满了愤怒。我不太确定为什么一直愤怒，而且成年以后其实并没有什么特别的人或者事情激怒我。但是愤怒的感觉一直存在，也经常容易被一些莫名其妙的原因触发。

有一类恋人，明明有矛盾却不说出来，还假装没事。然后当不满积累到一定程度，便会突然爆发，让对方感到莫名其妙，也给亲密关系带来巨大影响，甚至导致关系终结。我曾经就是这样的人，我曾经的几段感情都是这样结束的。我为此也感到遗憾，但却无能为力。

在人际关系中，我会和别人保持距离。我很挑剔，经常会因为某些事情不合自己的心意而对他人产生不满，也很难信任别人，因为信任的积累过程中会时常因被内心的不满所打断而需要重置。那时的我应该就是那种大家眼中的“刺猬型”的人，把自己包裹得很严实，对外界充满防备。

我很容易对自己的父母产生不耐烦的情绪。比如，父母的电脑出现问题需要我帮忙解决时，我会因为他们不能很快地理解我的意思，或者没有学会一些简单的操作而感到愤怒。我知道这种愤怒并非来自这个场景本身，因为如果换作是朋友，我可能不会有任何情绪反应。愤怒或许源自和父母的关系，但是在接受心理咨询之前我并没有很清晰地梳理好这其中的关联。

有时候这种愤怒也会被其他的人或事所触发，并且愤怒的程度通常和诱因大小不成比例。当我遇到不守规矩的司机，滥用职权的警察或者保安，玩忽职守的服务人员，或者任何让我感到自己的权益被触犯的情况时，愤怒的感觉都会突然出现。虽然很多时候这些事情本身的确让人气愤，但是我能感觉到自己的愤怒一部分是对现实的反应，另一部分则是来自内心一个我不那么熟悉的部分。

常与愤怒相伴而生的情绪是抑郁。这两种看似截然不同的情绪却相互关联。抑郁是对自己的愤怒。如果一个人成长于情绪压抑、无法表达的环境，那么愤怒的情绪可能是被压抑最多的，另一方面，我们又会因为这种压抑所带来的被侵犯感而感到更多的愤怒。

于是，抑郁和愤怒成了一个相互促生的循环。越抑郁，就越愤怒，而越是愤怒，则越会努力地掩饰。这样的循环并不稳定，所以我也就无法了解愤怒的本质，于是愤怒便会不断给我带来更多的挫败感和沮丧感。

促使我走进咨询室的一个重要原因在于，我能感受到随着年龄增长，愤怒和困惑在不断累积，这让我越发抑郁。要想终止这种恶性循环，我必须面对它。

我不想咨询了

一个心里有很多愤怒情绪的人，刚开始进行咨询时也会对咨询师感到愤怒。毕竟她是一个被我允许去触碰我内心最敏感部分的人，如果这种触碰让我有任何不适，我的反应就会很糟糕。

关于自己的很多问题，我在走入咨询室之前就有了思考。我知道自己的认知存在盲点，所以我期待着咨询师来点醒我，说一些让我醍醐灌顶的话。为了能让她更多地了解我，我很努力地向她讲述我的经历和故事，似乎这样就可以加快我被点醒的节奏。

可是我一直没有等到这样的机会。我太想看到进展和突破，所以我着急了。大约从第三次咨询开始，我有了停止咨询和换个咨询师的想法，这种想法随着咨询的进行而变得强烈，到了后来几乎每一次去咨询的时候，我都想着今天要和咨询师说再见。可是每一次的对话我们又都会绕到其他话题上去，所以每次离开时我心里都觉得好像不那么想结束了，但下一次咨询前又会想放弃。

这样的状况持续了好几个星期，直到有一天我决定把自己的想法告诉咨询师。是的，在此之前我在很长一段时间里对其不满，但从未表达过。咨询师问我，这种想结束咨询的想法背后是怎样的情绪，我说是愤怒，因为我不满意她的咨询方式，觉得她给我的反馈太少，在情感上太疏远，让我感觉不到温暖。我已经这么配合咨询了，什么事情都和她说了，但是她似乎一直都不能给我我想要的启发和支持。

我对咨询师的不满，很大程度上是因为我在和她的关系中重复了以往的相处模式：我很努力，我期待你回报我；你不了解我的期待，忽略我的感受，我感到不满；我之所以表达不满，是希望我的努力被你看到；你依然看不到，我感到十分不满，对你失去信任，内心充满被欺骗的愤怒。

这种关系模式的复制，是咨询中非常重要的一个切入点。咨询师之所以非常看重咨询关系，就是因为人们的大多数心理问题都与他们生活中的亲密关系有关，而当咨询关系发展到一定的亲密程度时，生活中的问题就会在咨询关系中呈现出来。而这样的呈现，会比来访者的语言描述更为生动直接。

与此同时，咨询关系中的矛盾冲突是安全的，因为专业的咨询师能够明白这些冲突并不是针对自己。来访者的情绪源于关系的过程而非对象，换句话说，我会这样对待我的咨询师，不是因为咨询师的个人原因，而是我和咨询师所处的相对位置：依赖和被依赖，求助和给予，需要呵护和被期待付出。所以当来访者对咨询师感到不满或者愤怒时，其实是咨询工作进一步深入的良机。

咨询师并没有因为我对她的不满而疏远和抵触我。我坦白自己的情绪，反而让我们有了一些非常有价值的讨论。有趣的是，这些讨论让我对自己的愤怒有了更清晰的认识和理解，这种理解又反过来削弱了愤怒的情绪。在咨询结束后的一段时间里，我甚至刻意地去寻找自己的愤怒，但却惊喜地发现它们似乎已经没有存在的必要。

是什么让愤怒持续？

一个人如果能将不满表达出来，或许可以引起别人更多的重视。可是当不满的感觉被别人或者自己压抑以后，就会在内心深处发酵，进而转化为愤怒。如果说我最初的不满来自被辜负的“懂事”，那么后来的愤怒则源自无法表达。

为何无法表达？在我自己和许多来访者的经历中，常有这样两个原因：

第一，因为依赖关系和权力差异，表达愤怒有很大的风险。亲密关系中的愤怒普遍产生于子女和父母的关系中，由于子女尚未成年，很多方面需要依赖父母，所以子女表达的不满有可能威胁到自己的生存保障。令人遗憾的是，很多父母的确喜欢用切断关系的威胁手段，来管教自己的子女。这样的方式更加强化了子女对于表达不满的不安全感。

在理想的关系中，愤怒的发泄和生活中的事务性问题应该是被区别处理的。父母和子女之间可以有矛盾冲突，但前提是父母无论如何都要履行抚养和关怀的义务。这也是为什么咨询师自始至终都会以专业的态度对待来访者，无论咨询关系中出现什么状况。父母和子女，咨询师和来访者之间，本质上存在着很大的权力差异，如果无条件对待的前提不能被保证，那么权力差异就会转化成实际的伤害，让双方的关系进入滥用权利和敢怒不敢言的恶性循环。

第二，如何处理自己的愤怒情绪，是一种从父母那里习得的能力和习惯。如果父母对于自己的情绪普遍采取压抑和隐忍的措施，那么子女也会有相似的反应。而合理表达不满情绪的能力，在我们的父母那一代几乎是一个空白。

在我自己的家庭中，父母对待这个问题的态度是截然相反的。父亲很少有平静表达不满的时候，都是在积累到忍耐极限后才爆发。这样的方式让我很反感，因此我一直尽力避免让自己爆发。小时候我和母亲的关系更亲近，而她则采取了更加自我压抑的方式来处理自己的不满情绪，只在极少数时候通过抱怨或者哭诉来释放不满。

然而无论是哪种方式，在不满情绪产生的初期，都是被压抑的。父母对不良情绪似乎都持一种回避态度，因为他们假设表达不满和愤怒一定会给家庭关系带来伤害。这样的假设或许来自我们的文化环境，在家庭中和社会上，大家面对矛盾的普遍方式是安抚、隐忍、维护和谐。可是在亲密关系中，这样的方式却会让我们付出很大的代价：信任感、安全感和亲近感的减退。

如果追溯上一代人甚至上两代人的成长经历，会发现他们缺乏情绪管理和表达方面的能力培养。父母在处理关系矛盾时的所有细节、方式和假设，都会被子女不加区分地模仿。所以维护亲密关系中的误区和漏洞，都在这样的过程中形成了代际传播。

愤怒之后才是伤害

愤怒的表达是本能，而表达后的修复能力则是可以习得的。如果我们只懂表达，而不懂得如何修复，那么愤怒的原因就会变成不可原谅的错误。修复比表达更为重要，但是许多人都把更多注意力放在了调整和弱化表达上面。

没有人能够避免愤怒情绪的产生，但由于愤怒带来的伤害看似不可修复，所以许多人会尽量使用不造成伤害的表达方式。可事实上没有任何方式是完全不会造成伤害的，即使不表达，也同样会造成伤害。

受到伤害是亲密关系中必然会发生的状况，只是在很多人眼中被过于强化了。与其说我们担心被伤害，不如说担心伤害之后的不作为。修复关系不是一件容易做到的事，但如果你足够在乎一个人，你会愿意为了你们的关系而尽力去做。如果我们懂得如何在伤害产生后修复关系，表达我们的歉意、关怀和爱，那么伤害反而成了拉近关系和建立信任的机会。

相反，很多时候我们为了避免伤害而不去表达，或者在不可避免地伤害他人之后，因为羞愧和内疚而逃避进一步的修复工作，这样的方式只会让对方感到被漠视。

由于直接表达愤怒的风险难以把控，所以人们常常会倾向于过度包装自己的表达方式。比如，小时候的我经常以沉默的方式来表达我的抗议，当我感到愤怒的时候，会拒绝任何形式的沟通。作为一个孩子，这样的方式让我看上去获得了话语权，给大人带来了困扰和挫败感，也似乎比爆发看上去更为合理。但结果是，我一直没学会怎样合理表达自己的感受，以及怎样合理修复关系。

成年后的我，仍然会用回避、沉默、逃避、疏远以及终止关系来表达愤怒。我用这样的方式对待我的咨询师，也用这样的方式对待我的父母和生活中所有的亲密关系。其结果就是，情绪得不到合理表达，引发更深层的抑郁，同时也失去了建立信任感和亲密关系的机会，在人际关系中越发感到被孤立。

第 9 章　理解与修复

关于原生家庭的三个误区

随着心理学知识的普及，越来越多的朋友接触到了原生家庭这个概念，以及许多关于原生家庭是如何影响人格形成方面的理论。其中最广为人知的是依恋理论，这个理论认为我们在婴幼儿时期与自己的主要照顾人（一般是母亲）形成的依恋关系，会影响我们的情绪以及成年后的人际关系。

依恋理论将人的依恋方式分成四类：安全型、焦虑型、回避型和紊乱型。其中许多人会将自己归类为焦虑型或者回避型，这两种类型的产生都和早期在原生家庭中的创伤性体验有关。焦虑型的人在人际关系里会体验到焦虑和依赖，有较强的占有欲，缺少自信，过度关注对方对自己的看法。回避型的人则比较强调独立和个人空间，压抑自己的情感，用疏远和回避来面对关系中的问题。

读到这里，我猜你可能已经开始对号入座了。这样的分类有助于我们简洁明了地理解，也让许多朋友像迷信星座一样不自觉地给自己下诊断，贴标签。我时常听到一些朋友说："我是焦虑型依恋，在关系里缺乏安全感，因为小时候父亲给予的爱很少，所以我长大以后就总想在男友那里弥补缺失的父爱。"

我理解他们渴望更清晰地了解自己、改变自己的心情，可是这种对号入座式的理解过于宽泛，而且包含了许多对于依恋理论和原生家庭的误解，不仅不能带来更客观的自我认知，反而有可能让人陷入“道理都懂就是不知道怎么做”的泥潭。在下文中，我想要提出三个关于原生家庭的常见误区，通过深入剖析帮助大家真正了解原生家庭的意义和影响。

误区 1：原生家庭毁一生

每一个愿意反思自己成长经历的人，都会回顾原生家庭的影响，而每一个回顾原生家庭的人，都会经历一个“原来我父母是这样毁了我”的阶段。尤其对于那些在原生家庭和成长经历中问题和创伤比较多的朋友来说，依恋理论提供了一个很好的视角，将过去和当下联系起来，以解释自己性格和情感上的一些问题。但这种联系也会有副作用，会让我们对自己的父母产生许多怨恨，怪罪他们当初没有用正确的方式对待我们，导致我们在成年后的亲密关系中举步维艰。

但你需要明白，依恋理论仅仅解释了社会化和情感发展的一个特定方面，它并不是一个可以推而广之的一般性理论。这个理论关注的是我们处理亲密关系中的伤害、分离和威胁的方式。但亲密关系并不只有这些消极的方面，它同时也包括了爱的表达与付出，修复关系，情感和协作。这意味着依恋关系更像是一种描述性的理论，但从这个理论出发我们并不能得到太多指导性的建议，因此我不建议过分依赖依恋理论来看待自己的原生家庭。

早期的依恋行为的确会在一定程度上影响我们在关系中的情感模式和对他人的期待，但它并不是唯一的决定性因素。我们在人际关系中的表现会随着年龄和阅历的增长而发生变化。比如进入学生时代后，我们在同辈关系中的体验，以及在注重成绩的学校大环境下经历的冲击，都会影响我们的人际关系行为和情绪模式。进入婚恋关系后，与伴侣的互动也有可能重塑我们的依恋行为。

在对原生家庭的理解中，与其用一个固定的依恋行为来定义自己，不如以一种变化的视角来看待自己的成长与发展。我认为在这样的视角之下，我们可以更少地纠结于以往经验的局限，而更多着眼于未来对于新的体验和行为的尝试。

一个更重要的问题是，虽然依恋行为相对稳定，但是我们在亲密关系中的行为是变化的。有的朋友会发现自己在恋爱中，时而像焦虑型，时而像回避型，甚至怀疑自己是紊乱型。

不同的依恋风格代表不同的内在情感工作模式，外界信息进入我们的情感工作模式之后会引发相应的行为。在最基础的层面上，我们每个人都有一个类似背景色的情感工作模式，然而针对各种独特的关系、场景和事件，我们又会展现出一些和背景色不同的行为。比如一个回避型的人，在感到即将失去自己的伴侣时可能会痛哭流涕地乞求对方留下。一个焦虑型的人，在子女教育问题上可能会对伴侣表现出极大的不信任。

一定程度上，寻找和激励这些不同于原有情感工作模式的新行为、新表达方式，正是我们成长过程中克服和改善原生家庭影响的一个重要方向。

误区 2：原生家庭关系差就等于缺少关爱

至于原生家庭到底是如何影响我们的，许多人都会说自己的问题根源就是缺少关爱，父亲太严厉冷漠，母亲太脆弱，家庭中有很多矛盾冲突，导致作为小孩子的我得不到爱，所以缺乏安全感，成年后就要不断地向伴侣寻求弥补。这样的理解其实是对原生家庭影响的一个过于简化和肤浅的认识，而如果单纯把人际关系中的问题归结为爱的缺失，我们就会永远停留在被动等待的心态中。

我在咨询工作中听过许多原生家庭的故事，也观察到许多代际间传播的特质，所以越发体会到依恋理论的局限性。依恋理论关注的是亲子关系中那些创伤性的伤害、分离和威胁，并认为我们对于许多人际关系场景的情绪反应会受到这些体验的影响。可是影响孩子心智发展和社会化的因素远不止这些。原生家庭对我们的影响可以分解成很多的细节，例如：

自我认知

当我们探讨自我认知的时候，更多是在探讨已经获得了多少知识，但我却觉得更重要的是一个人对自己的觉察和反思能力。自我认知永无止境，但是每个人获取自我认知的能力是不一样的。父母是否能理解自己的行为给他人带来的影响，了解自己的个性和脾气受哪些因素影响，以及自己在别人心目中的形象等等，也会相应影响到子女。

自信

父母对自己的总体评价是积极的还是消极的，会影响他们对待自己孩子的行为，这些行为会塑造孩子的自我评价，从而决定他们的自信程度。另一方面，父母的自信程度还会影响他们面对人际关系和各种生活挑战时的策略、表现，孩子也会将观察模仿到的这些表现，投射于自己的人际交往中。

情感表达

每个人表达情感的方式都是不一样的，尤其是那些我们羞于表露的负面情绪：脆弱、伤心、依赖、困惑、痛苦等等。从情绪聚焦疗法的角度来看，许多人在成长过程中逐渐学会用一些次生情绪去掩盖原生情绪，以达到自我保护的目的。比如当一个人感到难过的时候，表现出来的可能是愤怒和批判。父母在情绪表达上如果有这种自我保护的习惯，那么这种习惯多半也会出现在子女身上。

韧性

心理学上把韧性定义为人在面对压力和困难时的适应能力，通俗地讲就是所谓的"内心强大"。不过内心是否强大并非天生，而是一种后天可以培养的能力。高韧性的个体并非完全没有消极情绪，而是能够适时采取积极的态度和措施来面对。一个人心情低落时可以用多少种不同的有效策略来进行自我调整，大致能反映出他的韧性强弱。从这个角度来说，父母所接受的培养和训练是非常有限的，所以我们这一代人的韧性培养也多少会受到影响。

界限感

人际关系中的界限实际上是一系列关于他人可以怎样对待我们的规则。界限感的建立和好恶感的确立，独立自治能力的形成，以及对亲密关系的维护能力都有非常重要的关联。父母一辈对界限感的认识非常模糊，多少也和他们成长的历史时代有关。子女如果和父母形成界限感模糊的亲子关系，就无法清晰地定义自己的个人界限。

这些总结，试图让大家更加清晰细致地了解原生家庭是怎样影响我们的。我经常和来访者说：关注原生家庭或许并不能改变成长经历带来的影响，但是当我们明白影响是如何产生的时，就会对这些影响有更多的认识，也就有了不同的选择。

你会发现以上所罗列的这些角度，都是某种能力或者意识，因此都是可以学习和培养的。原生家庭之所以影响巨大，很大程度上是因为它限制了我们的学习机会，让我们始终需要依赖那些不良的模式和习惯。

误区 3：我们都应该具备安全型人格

安全型依恋关系其实是一个过于理想化的概念。心理学研究发现，即使具备安全型人格的孩子，他们的父母也会有大约一半的时间犯各种错误。生活并不是完美的，每个父母都有忙碌、疲倦、心情不好或者疏忽的时候，可是真正决定孩子是否养成依恋型人格的，是父母如何管理和修复那些关系中的错误与创伤。

这个观点的重要意义在于，它告诉我们依恋风格并不是一个决定性的分类，只要我们愿意修复关系中的裂痕，便能够和自己的伴侣以及未来的子女建立良好的关系。对于所谓的原生家庭不幸福，我更愿意将其视作原生家庭中的学习能力和学习机会的缺失。把不幸转化成能力，才有改变的可能性。

从另一个角度来说，许多人会认为成功改善与父母的关系就意味着要让自己变成安全型人格，接纳和包容父母的一切，重新和他们变得无比亲密。这样的幻想在很多来访者身上都存在，但实际上这种想法只会带来更多的压力。

理解原生家庭的影响，能够帮助你客观地评价与父母之间的关系，正确处理那些积压的情绪，让自己回归到一个相对平静和理性的状态。在这种状态之下，你可以站在一个成年人的角度，重新决定和选择你希望与父母保持什么样的关系。

当然，这个过程也有很多其他的意义，比如提升自我认知和自信，优化情绪模式和情绪管理，解锁亲密关系中新的相处方式，包括让代际伤害停留在我们这一代，不再影响我们的子女。

我想让你明白的是，这是一个非常有意义的过程，与此同时也需要你投入相当多的时间和精力来钻研。不论你是通过哪种方式努力，我都想祝贺你走出第一步，也祝愿你的旅程能够一切顺利。

在家里，你会锁上房门吗？

记得从中学时代开始，父亲经常会突然冲进房间来检查我是否在做功课，而我又比较贪玩，所以经常会在手忙脚乱藏起漫画书的时候被他逮个正着。很多人会觉得这是对不懂事的小孩必要的管教，可是如果作为一个成年人，依然会在毫无防备的情况下被父母突然闯入私人空间，则另当别论。

我们从小就和父母住在一起，但为什么随着年纪增长，却变得越来越抗拒与父母共处呢？我想从一个很小的相处细节谈起：锁门。你在家里的时候会锁上自己房间的门吗？我猜大多数人都不会锁门。大家可能会觉得一家人这么亲近，锁门是一种奇怪的行为，父母会责怪，自己也会觉得不好意思。

你可能不知道，这个细节在很大程度上影响着你的心理健康和与父母的关系。有几位来访者都和我谈到一个典型的问题：房间不锁门，父母随时可能进来，于是自己在家里时常处于紧张焦虑的状态。

空间与自治

在探讨心理健康问题时，我们很容易把人的心理活动放在真空中看待，认为一切都是来自主观的体验与选择。可是人的心理与所处的物理空间也有联系。著名的人本主义咨询大师欧文·亚龙曾经提到他的一个案例，一位来访者丧偶之后一直无法走出心理阴影。为了更好地了解这位来访者，亚龙提出对他进行家访。

亚龙发现来访者家里放满了逝去妻子的物品：书本、照片、个人用品，其中最为显著的就是客厅正中央的单人沙发椅。来访者的妻子就是在这张沙发椅上去世的。整个房间都是关于妻子的物品，而关于他自己的东西却非常少。这或许就是为什么来访者无法走出哀伤的原因，因为他的生活被关于妻子的回忆填满。

生活环境通常可以映射出我们和生活伴侣的关系状态。这样的映射并不是有意为之，而是在日复一日的互动中逐渐形成的。那么自己的房门是否上锁，又能映射出什么呢？

社会心理学有一个理论叫作自我决定理论（self-determination theory），这个理论认为人们天生具有成长和向好的倾向，不过这种倾向的实现与否取决于一个人是否足够自治，是否具有内在动力。自我决定理论认为动力越源自内在，人们便会越努力地执行自己的选择。

比如智力相当、个性相似的两个孩子，在同样的教育环境下努力学习，一个是因为对学习内容感兴趣，另一个是因为父母对自己的好成绩的奖励，那么前者很可能拥有更好的表现和结果，同时也会拥有更健康的心理状态。发自内心的、依据自己意愿的行为往往能够带来更好的生活状态和心理状态。

发自内心的意愿，有一个非常重要的前提，就是保持一定的独立自治。人如果没有独立性，习惯以别人的评价和期待为动力来源，那么他可能很难坚持自己的个人意愿。

不给自己的房门上锁，意味着私人空间可以随时被打破，也就意味着没有独立自治的可能。不上锁的房门，象征着个人界限的模糊和缺失。这种没有私密性的空间，面临着随时被侵入的风险，人自然会因此充满焦虑。

缺失的独立

当我和那几位不敢在家里锁门的来访者谈到不能锁门的影响时，他们几乎都提到了以下几点：

第一，持续焦虑。有种被监视的恐惧感。尤其是当家庭关系充满矛盾时，由于不能锁门，感觉矛盾会一直蔓延到自己的房间里。引用一位来访者的话，“想哭都不敢哭”，虽然心情难过，但是更不愿被父母发现自己在哭泣。

第二，不接纳自己。当缺少了明确的界限，没有私密空间自由表达和处理自己的感受时，许多人便无法面对和接纳自己的想法和喜好。因为即使独自一人待在房间里，也会强迫自己做出符合父母期待的样子来，而这些期待和自己的真实想法往往是相冲突的。长此以往会导致我们逐渐失去自我接纳的能力。

第三，犹豫不决。因为心理上缺少安全感，时刻面对着自己的想法和父母的期待之间的矛盾，内心的感受会不断被质疑和否定，所以徘徊纠结，无法在自己的渴望和父母的期望之间做出抉择。

简言之，不锁房门这个小小的举动，可能会让人在家庭关系中缺少合理的界限和独立性，从而失去足够私密和自治的空间来获得自我成长。

让亲子关系不断进化

从现实意义上来说，锁上房门能够让人获得一个足够安全的、相对独立的空间，有利于自我意识、自治性和独立人格的发展。而从另一个角度来说，锁门也是一种对亲子关系的重新定义和调整，让孩子与父母的关系进化到成年人与成年人的关系。

你需要明白的是，人与人之间的关系并不是静态的，虽然父母希望你永远是孩子，这样可以让他们一直呵护或者掌控，但我们和父母都在经历不同的生命阶段，亲子关系的不断进化是一种必然的规律。

自治性，是拥有独立人格的成年人所具有的属性，锁门的象征意义在于，它开启了对自治性的培养，也是在告诉父母“我在自己的空间里，可以独立处理好自己的选择与行为”。自治不是疏远他人或切断关系，而是设定一个健康的界限，以双方的独立自主为前提维持亲密的关系。拒绝或者忽视自治性，反而是形成糟糕关系的重要成因。

锁门还有一层意义，可以体现在更广义的社会关系上。中国的家庭文化向来都是重集体、轻个体的，父母和子女之间的界限意识非常模糊。这种文化的形成，可能源于传统的以家族为单位的大集体更容易获得社会资源，从而维系整个家族的生存。

如今的社会关系中，亲戚、家族之间的关系逐渐疏远，以父母、子女为核心的家庭成为主要单位，相对于传统大家族，这种以小家庭为单位的关系形态，更需要发展明确的独立性和个人界限。

如何锁门

如果你希望通过锁门来调整与父母之间的关系，建立起新的界限，有可能会遇到阻力。关于如何锁门，我给你以下这些建议：

第一，你可以偶尔锁门，试探一下他们的反应。有的父母可能压根儿不会有太大反应，这可能令你意外，但你也是幸运的。多数情况下，他们可能会有一些疑问，你要向他们解释清楚你的意图，让他们知道这并不是某种带有敌意或者攻击性的行为。

你可以说："我这样做是希望在家里有一些自己的私密空间，因为我是成年人，需要独处的时间。虽然我很希望得到你们的关注和支持，但你们并不能为我承担一切，我还是应该独自去面对一些问题。锁门就是为了激发我的责任感，让我学会独立面对问题，然后和你们愉快地相处。"

第二，父母随意进出你的房间或许是出于对你的照顾和关心，你锁门可能让他们觉得自己的好意被误解。这时你可以告诉他们，你已经成年，如果他们能够多给你一些隐私空间，将会对你更有帮助，也可以让你们的关系更加平衡。通过这样的语言表述，你可以启发他们学会并使用更为合适的方式来表达关爱。

第三，明确关于锁门的界限。让他们知道你并不是随时都会锁门，某些时候你也会打开房门，欢迎他们进入。你只有在需要独处的时候才会锁门，在这个时间段内他们需要事先征得你的同意才能进入。如果你能够和父母理性地探讨这个问题，我建议你同时问问他们，希望以怎样的方式来适应这种变化。

第四，你要明白在重新调整和建立界限的过程中，一定程度的强制性是必要的。事实上，锁门是一个很小的举动，多数情况下并不会对家庭关系带来大的冲击，如果上述情况均不适用于你的父母，你可以坚持锁门，强制性地让他们习惯这种行为。

如何走出父母关系的阴霾?

有可能完全走出原生家庭的阴影吗?答案是:过去的经历无法改变,但是,让这些经历带来的影响持续限制个人的发展,还是让它成为推动自我成长的动力,是由我们自己的选择所决定的。这是一个你逐渐成熟的过程,也是一个重新定义自己在家庭关系中的角色的过程。

人格的成长,需要有足够的物理空间和精神空间去探索和尝试,这样才能够发展出明确的喜好、倾向、能力和特质。在许多家庭中,夫妻之间的问题没有得到有效的解决,子女没有足够的空间去尝试和探索,而是被迫参与到父母的问题中去。随着孩子的成长,其对于独立人格的需求越来越强烈,这种关系角色和个人身份之间的拉扯,就造成了原生家庭的阴影。

这种阴影,可以理解为我们在特定情境下所选择扮演的一个角色。这个角色在某种程度上可以让我们感到安全,有存在感,避免出现焦虑和恐惧,但与此同时也限制了我们作为一个独立个体的自然成长,让我们在成年后难以维系健康的生活方式和人际关系。需要明白的是,我们所恐惧的一切,并不是因自身而起。我们需要改变自责的心态,对于家庭关系中无法避免的状况,要用积极健康的态度去面对、去解决。

黎明前的黑暗

走出原生家庭的影响是一个漫长而又复杂的过程，其中给我印象最深刻的体会就是“事情变好之前会先变坏”。大学时期我开始进行自我分析时，经历过一个相当痛苦的阶段。当我明白自己的许多问题都与父母的影响有关系时，也曾对父母产生过强烈的怨恨。

许多来访者也与我有过类似的感受。一方面他们开始正视自己的问题，并且意识到自己对现状的不满。另一方面，在梳理原生家庭影响的过程中，那些曾经被压抑的委屈、愤怒和怨恨瞬间被释放出来，会让他们感到焦虑和不安。

我猜你在阅读和思考关于原生家庭的问题时，也能体会到这种焦虑，我想让你明白这样的焦虑是正常的。我们关注原生家庭的问题，一方面是为自己创造成长的空间和自由，另一方面也是在探索和父母关系更加亲近的可能性。

过去的事情无法改变，对于痛苦，人体有自动复原的能力，而真正让我们陷入危机的，是努力压抑和回避这些痛苦时所产生的额外的焦虑。如果你不愿意正视内心的痛苦，也就是在阻止心理韧性发挥作用。其实每个人的内心都是强大的，但前提是能够充分理解自己到底在经历些什么。如果你选择压抑和回避，无异于主动缴械投降，停止防御，让压抑痛苦带来的焦虑占据内心。

重新梳理自己的过去，意味着你要系统地回忆、分析和理解自己过往的经历。你可以通过心理咨询做到这一点，也可以通过本书

第6章提到的提升自我认知的练习来单独梳理。

不少来访者在进行心理咨询之前，都曾经长时间焦虑。他们能感觉到这种焦虑可能与父母有关，但却错误地理解了这种焦虑的意义。我一直建议把人的情绪理解为信号和提示机制，焦虑情绪其实是在提示我们应该尝试理解过去的事件和体验之间的因果关系。对这种因果关系的梳理，能够让我们更好地面对自己，面对未来。

如果你因为过去而痛苦，最有效的解脱方式就是直面这种痛苦，观察它，理解它，知道你究竟因为什么而痛苦。当你的痛苦有了具体的来源时，才有可能慢慢放下它。

多亲近由你说了算

我和我的一位来访者S小姐有过一段很有意义的对话。S小姐的原生家庭充满了变动和冲突，父母对她也存在忽视和粗暴的行为，而她却一直努力地以自己的方式包容父母，尤其在成年之后，她更加渴望和父母亲近，并试图原谅他们过去的行为。咨询过程中，她也努力展现这种想法，尽管我可以清楚地看到，这种想法和她对父母强烈的恨意在激烈地冲突着。

当我看到她又开始努力说服自己要无条件地爱父母时，我不禁问她："为什么你要这么逼着自己去原谅和接纳你的父母呢？如果我是你，经历过你所经历的一切，我可能很难再愿意和他们亲近。"

她反问道："可这不正是我咨询的目的吗？"

我说："当然不是！没有人必须完全原谅和接纳自己的父母，咨询师更不会这样要求你。我们做心理咨询的目的不是要让你忘掉过去，让双方变得亲密无间，因为并不是每段关系都应该这样，而是帮助你理性地认识和父母之间的关系，从而遵从自己的主观意愿来重新选择你和父母之间的距离。"

我的回复让S小姐沉默了许久，她说她从未想过原来并不需要和父母有多亲近，也不需要强迫自己放下曾经的怨恨。但是当她一旦明白了这些，内心反而轻松了许多。

我们关注原生家庭的终极目的不是忘掉过去，放下怨恨。因为有的事情或许永远也无法真的放下。能够客观地看清原生家庭的影响，你才能够重新选择你在家庭关系中扮演的角色，以及和父母之间的距离。对某些家庭来说，成员之间保持一些距离反而会更合适。

我认为最健康的家庭关系，未必是最亲近和甜蜜的。如果你能够通过思考、沟通和协商，与父母保持适当的距离，让不同个性、观念、生活方式的人都感到平衡和舒适，同时支持彼此的成长，就是最好的家庭状态。

走向何处？

当我作为来访者完成了关于原生家庭的心理咨询后，经历了一段迷茫期。这种感觉来得很意外，我以为摆脱痛苦之后会感到轻松和释然，但我很快意识到，这种迷茫也是走出原生家庭阴影的必经之路，就像一个毕生都在和心魔做斗争的人，某天醒来突然发现心魔消失了，自然会像斗士突然间失去了对手一样怅然若失。

我的很多来访者也有过类似的经历，他们走出阴影后多了自信、轻松、释然和对自我的掌控感，少了从前的焦虑和心理冲突，但当紧绷的神经倏然放松，许多曾经专注于家庭问题的精力和情感被完全释放时，却突然失去了用力的方向。

要成长为一个身心健全的人，我们还要做很多努力。一直背负着过去的包袱，你对未来的期待和动力都会受到限制。我的一位来访者H女士前段时间写信给我，告诉我她终于决定辞去现在的工作，去从事她梦想已久的职业。她说终于可以遵从内心的声音，忠于自己，再也不用担心怎样才能取悦父母。所以无论是工作、生活方式还是兴趣爱好，都要了解自己的真实需求，尊重自己的真实感受。

走出阴影，你才能够坦然面对自己的全部经历，尤其是那些你曾经不堪回首的部分。人就是这样一种有趣的存在，只有把自己当作一个完整的个体，才能够让内心充满勇气和能量，掌控生活，重视自己的愿望和喜好。虽然有些矛盾，但是力量和希望往往存在于内心最易被忽视的角落里，真正的快乐是对勇敢接纳痛苦的人的奖赏。

从另一个感性的角度来说，走出阴影可以增加生活的美感。当你把更多的时间和精力放在自己身上，去感受、探索和学习，你会发现眼中的世界和以前不同了，充满了无数的可能性。我想起我的另一位来访者K女士，她现在每周都会和父母一起散步聊天，气氛融洽和睦。其实在做心理咨询之前，也是在同样的一条路上，她曾无数次被父母之间的各种问题所困扰。完成咨询后，她的情绪被释放和消解了，后来她惊喜地告诉我，如今在散步过程中她不再执着于父母的问题，而是开始注意到身边的各种事物——树木、花草、路人，甚至气温和风速。

我想人生的道路也大抵如此，一路上有很多美好的细节和迷人的风景，而能否注意到，就要看你的心是被困在过去，还是在奔向自由的未来。

关于原生家庭，是一个复杂而又恒久的话题，我们都在不断向前的路上，逐渐了解自己，理解父母，认知世界，尊重生命。对我而言，这是一段难忘而又神奇的旅程。我由衷地希望，你的旅程也同样令人回味无穷。

后记

十年时间能做什么

2004年3月26日，飞机落地多伦多，我开始了留学生活，那时的我是个糊里糊涂的高三学生，带着兴奋不安和探索的心情看着阴雨连绵的天空。虽然并不是特别清楚这段经历会给自己带来什么，也不确定自己要寻找什么，但心里始终怀着强烈的意愿去寻觅，那是一种来自灵魂深处的渴望。

此后，每年的这一天我都会写一篇文章，最初有点儿形式主义，但后来发现，走一步回望一下，要寻找的东西会越发清晰。五年前我写道，“快乐和痛苦，都是一种经历，所以此刻，沉淀十年的苦正孕育一生无憾的甜”，现在读起来就像在与一个灵魂伴侣交流。这段始于懵懂青春的经历，在今天看来已经成为我人生最重要的抉择。

这十年里，自己似乎成就了一些事情，站在一个心理咨询师的角度，很想和大家分享一些东西，或许能给你带来些许启示和激励。

与自己相处

与自己相处是所有事情中看似简单但又最具挑战性的。十年前我不曾考虑过这件事情，因为站在自己的角度和别人相处就够了。因为太习惯自己的存在，所以很少认真地考虑和自己相处这个概念。

独处就是与自己相处，独处的时候会有什么感想，会做什么，就是你与自己相处的方式。留学时期我有很多独处的时间，大多数时候是不情愿地被迫独处，这样的独处几乎就是心灵煎熬的同义词。

在这个过程中，我发现自己的心灵有它自己的看法和感受，我无法时时刻刻控制它，甚至还会被它所影响。比如，在极端寂寞的时候，内心的折磨甚至会让胸口感到疼痛，因为受不了这种折磨，便会喝酒，颓废度日，通宵玩游戏，或者匆忙地投入一段感情。但越逃避，痛苦的感觉就越强烈。持续的痛苦给人带来的唯一好处，就是让你无比清晰地认识到当下所做的事情是行不通的。

在尝试了很多隔靴搔痒般无奈的方法之后，我学会了允许自己寂寞、难过、失望和心痛。我不再习惯于在不开心的时候谴责和鞭挞自己的内心，而是在独处时对自己说"又只剩下我和我自己了"，然后用一杯小酒、一盘自己做的回锅肉或者一趟漫无目的的散步来庆祝独处的时光。

我不得不学会在独处时和自己对话，给自己讲笑话，回忆开心的事情，或者和自己讨论各种问题。我的态度开始变得柔和，不再像以前那样对自己刻薄挑剔，总是要求自己时刻保持快乐。而内心原谅自己的时候，我会感到被自己拥抱，温暖与宽慰会油然而生。

被宽恕的内心会因此变得活跃、有趣，会产生很多新鲜的想法，会指引我注意到很多被忽略的事物。这让我越发喜欢独处，不是因为不喜欢和人交往，而是把花在自己身上的时间看得更重要。

苦尽甘来，我内心感到释然、淡定和轻松。

克服自卑

以前的我很内向、自卑。因为很少有机会展露自己的优点，也很少敢于走出自己的舒适区。

可是没有什么经历比独自闯荡更能改变这两种状况了。因为比起自卑，寂寞要可怕得多，所以我必须强迫自己去寻找友情和爱情。因为自卑，在和他人相处的过程中，会犯很多错误，所以不得不逼着自己承认错误并改正，然后再次出发。

留学经历中也有很多尝试和探索的机会，比如，因为学业，必须主动联络、约见完全陌生的教授、学者和雇主；课堂和研究项目又要求积极的团队协作与互动。比起自卑的恐惧，丧失机会和学业失败要可怕得多，所以自卑时的那种退缩心态就渐渐变得麻木了。越是做事情，越是得到期望的结果，对这种麻木就越心安理得。这是一个逐渐接纳和适应的过程，一开始是被逼无奈，后来发现逼迫之下自己早已远离了原来的舒适区。

生活因为各种事情而变得丰富，丰富带来多样的选择，也让自己有了很多机会表达和发挥。自卑并不是以为自己什么都不行，而是不知道自己能做什么。我也从未想象过自己会擅长公众演讲和主持，能做摇滚乐队的主唱，可以管理上百人的学生会团队。成功经验积累到一定程度时，你便再也不会用自卑来评价自己了，会觉得自己信心满满。

所以说，良好的执行力是对付自卑最有效的方式。其实追本溯源，正因为成长于缺少赞美和鼓励的环境，我才会把自己看得很差劲。

与父母相处

一个人若拥有聪明智慧的父母，就不得不面对自己不够好的压力。大三那年学习了几门关于人格发展的课程，了解了性格弱点和问题代际传播的原理，因而对父母怀有不满情绪。和现在许多心理学爱好者一样，那时常常挂在嘴边的词语就是“原生家庭”，似乎所有冲突矛盾都是被父母强加到自己身上的，而自己却不得不接受，因此无奈而又怨恨。

直到有一天，我突然想到父母的原生家庭又是什么样的呢？潜心思考研究之后，我极不情愿但又感动之至地发现一个事实：站在父母的位置，他们已经尽力做到最好了。因为比起自己的那点小小不幸，他们的故事才更令人唏嘘。至亲之爱，就是理解他们的出发点，感激他们略显笨拙粗糙但尽力而为的付出。

在很多父母的眼中，孩子是属于他们的，因此虽然他们有极大的自我局限性，但仍然为子女无条件地付出，那么我同样应该凭着自己那千疮百孔的脆弱人格去尽力创造美好。距离产生美，隔着太平洋，我平静地聆听和观察，然后原谅了这两个最亲近的人，并重新爱上了他们。

跟随自己的内心

“跟随自己的内心”是说来容易做起来难的一句话，因为你要知道自己内心想要什么，而且就算知道了方向，是否敢于毫不怀疑地坚持下去，则是很多人过不去的坎。我的专业选择在很多人看来是可以理解但又不敢复制的，因为无数人告诉我自己曾经很想学心理学。

可能你会觉得我是因为一开始就对这个专业特别看重，才能七年如一日地坚持下来，但事实上，当初选择这个专业的时候，我心里并不确定这是不是好的选择。没有人能够预测自己的未来，我们一生中做出的很多重大判断回头来看可能都是不全面的。很多人面对这种模棱两可的状况，随便根据某个外在因素就拿定主意了。我虽然比他们还糊涂，甚至没考虑过就业的问题，但是我始终记得自己的初心。

我是来探索和尝试的，所以不需要可预测性；我希望给自己找到答案，所以我需要直视人性的弱点；我希望变得更好，而这无法用金钱来衡量。这样的思路一直受到我母亲的影响，当我在心理学这条路上逐渐深入时，便真正收获了曾经渴望的启示与解脱。

十年前我根本无法想象自己可以在上海开设自己的咨询工作室，成为一名心理咨询师，为别人答疑解惑。但是我预见到，自己走的路一定是有利于自己成长的，因为这是我内心最大的渴望。明天，明年，这一生我都会用这种略显糊涂的方式走下去。

学会聆听

这世界上一切美好的声音只属于那些懂得聆听的人。要说过去十年来发生的最重要的事，便是我在攻读硕士期间的咨询师训练，这不仅让我的处事方式发生了变化，甚至让我的性格和世界观也发生了变化。曾经的我有着典型的“80后”独生子女特色，自私自大、故步自封。因为在曾经的环境里，这样的行为并没有什么不妥，而且可以很好地维护我那脆弱的自尊。

当有一天我发现自己需要和一个陌生人面对面坐下来，帮他解决那些我不曾体验过的问题时，身上那圈自以为是的光环彻底消失了。我发现面对前来咨询的来访者，我除了全神贯注地聆听以外完全无能为力。但是奇迹就发生在这被逼无奈的场景里，当你拒绝聆听这世界，会失去很多宝贵与美丽的东西；当你认真地聆听，就会发现所有你寻找的东西从四面八方向你涌来。

从这一刻开始，我的耳朵和双眼变得越发敏锐。我看到了最绝望的人身上最坚强的毅力，最伤心的人心里最热切的渴望。我发现当你耐心聆听的时候，你向对方表达的关注、尊重和理解可以直达他们的内心，可以带出他们最美好的一面，也可以让你在表达爱的同时深深地被他人所爱。

我自认为有很多擅长的事情，但是善于聆听是最意外的发现，也是过去十年里最奇妙的收获。

对学习、阅读和写作的态度

我从小痛恨学习，因为学习不能让我的生活变得更好，也没有给我带来任何快乐。学习带来的只有压力和羞耻，让我感到自己不如别人，也永远赶不上别人。而阅读和写作几乎就是最糟糕的浪费时间的方式，我一定想不到在十年之后自己会变得热爱阅读，开办读书会，并且让写作成为每天固定的习惯。

能实现这样的转变，最初更多的是被逼无奈，因为我所选的学科以厚厚的课本和长长的论文为主。能够坚持下来，要感谢我的导师、教授们以及那些在书里给我讲课的大师们，他们的智慧是痛苦学习过后最好的奖励。读一个小时的书，可能只会收获一两个有用的观点，可是这一两个观点的价值远大于忍受一个小时的无聊乏味。

写作可以帮你整理思路，更能够助你将书本与生活联系起来。我喜欢在写作中让自己的生活经验和书本上的智慧发生碰撞，反过来再阅读的时候就会随时将自己的生活结合进来，寻找相应的观点和思想。这个过程很漫长，但得到的结果是，现在的我每读一本书，每写一篇文章都是百分之百地为了自己，虽然也会有读不下去、写不下去的时刻，可是比起当下的不适，学习带来的充实感要重要得多。

创造爱和社会价值

你可能会发现我所做的每一件事都起源于个人的痛苦，没错，这种痛苦在早年给了我极大的动力。我自己总有一种略微偏颇但很实用的观点：幸福使人愚蠢，痛苦使人明智。或许真正的原因在于痛苦会让人保持一颗寻觅、渴望且清醒的心，从而有不断学习和成长的动力。

近些年，自己的内心少了很多煎熬的时候，便越来越需要新的动力来源。庆幸的是所学的专业给了我最好的答案。如果说关注自己的成长是自爱，那么将爱传播给他人则会使我的动力加倍。这样的感受在读硕士期间做咨询师的阶段已体验过，当我的咨询对象完成了最后一次咨询，与我握手告别并转身出门后，我会久久地坐在房间里发呆。那种悄无声息的欢呼，那种知道自己在他人生活里留下了印记和影响的意识，是让人谦卑而又骄傲的满足感。

后来的这几年，当自己的内心趋于安稳后，也曾经有过贪图安逸的时刻。刚回国的一段时间，我停止了进步，满足于一份稳定而空洞的职业。但是幸好自己的内心是诚实的，无法接受停滞不前的痛苦。所以在反复挣扎之后，又像当初选择去留学和读心理学那样，糊里糊涂地选择了自己创业。

十年一个轮回，似乎又回到了当初独自飞向大洋彼岸的感觉。不过这一次我不只为了自己，更为了给他人带来爱和有价值的东西。生活和心智成熟永远都是艰难的，可是相较于每年一回首都能看到自己在前进的惊喜感，任何苦痛都是微不足道的。下一个十年，又有哪些难以想象的进展？我带着坚定和谦卑的心期待着。

写成于2014年3月26日深夜，赴加拿大留学10周年纪念日